多元视角下的高中英语读写教学研究

陈远明◎著

文化发展出版社
Cultural Development Press
·北京·

图书在版编目（CIP）数据

多元视角下的高中英语读写教学研究 / 陈远明著 . 北京 ：文化发展出版社，2024. 12. -- ISBN 978-7-5142-4601-8

Ⅰ . G633.412

中国国家版本馆 CIP 数据核字第 20258LX548 号

多元视角下的高中英语读写教学研究

陈远明　著

责任编辑：岳智勇　　　责任校对：侯　娜

责任印制：邓辉明　　　封面设计：守正文化

出版发行：文化发展出版社（北京市翠微路 2 号　邮编：100036）

网　　址：www.wenhuafazhan.com

经　　销：全国新华书店

印　　刷：天津和萱印刷有限公司

开　　本：710mm × 1000mm　1/16

字　　数：210 千字

印　　张：11.5

版　　次：2025 年　6 月第 1 版

印　　次：2025 年　6 月第 1 次印刷

定　　价：72.00 元

I S B N：978-7-5142-4601-8

◆ 如有印装质量问题，请电话联系：010-58484999

前 言

高中英语教学的核心目标之一是培养学生的英语综合运用能力，这项能力包括听、说、读、写四大基本能力。在这四大基本能力中，写作能力尤为重要，它在很大程度上体现了学生的英语水平。然而，在实际教学过程中，尽管教师和学生都在写作能力的培养上投入了大量的时间和精力，但取得的成效往往不能如预期。事实上，早在 20 世纪 70 年代，就有学者提出了“以读促写”的教学理念，即通过大量的阅读来提升学生的写作能力。这一理念一经提出就引起了教育界的广泛关注，许多学者开始对其进行深入的研究。其中，国外学者的研究主要是探讨阅读与写作的关系，并通过一系列的教学实验来验证阅读能够提高学生的写作能力。同时，国内学者主要研究如何将阅读和写作这两项技能有效地运用到高中英语教学中。尽管如此，目前对高中英语读写教学的研究仍较少，而且现有的部分研究缺乏对教学技巧的深入探究和研讨。因此，本书展开对多元视角下高中英语读写教学的研究，旨在改善当前高中英语读写教学效果。

本书共六章。第一章为高中英语读写教学概述，主要介绍了阅读与高中英语阅读教学的理论基础、高中英语阅读教学的原则与方法、高中英语写作教学的理论基础、高中英语写作教学的原则与方法。第二章为批判性思维视角下的高中英语阅读教学，主要介绍了批判性思维相关概述、高中英语阅读教学培养学生批判性思维培养的原则、批判性思维视角下高中英语阅读教学策略。第三章为英语学科核心素养视角下的高中英语阅读教学，主要介绍了英语学科核心素养与高中英语阅读教学、英语学科核心素养视角下的高中英语阅读教学活动的设计、教学评一体化在高中英语阅读教学中的应用。第四章为英语学科核心素养视角下的高中英语写作教学，主要介绍了英语学科核心素养与高中英语写作教学、基于英语学科核心素养培养的高中英语写作教学、英语学科核心素养视角下学生如何写好英语句子的各个成分、英语学科核心素养视角下写作如何谋篇布局。第五章为新高考视角下的高中英语写作教学，主要介绍了新高考视角下的应用文写作、新高考视角下的读后续写。第六章为读写结合视角下的高中英语读写教学，主要介绍了读写结合视角下的高中英语读写教学现状、高中英语读写结合的重要性、高中英语读写结合的教学策略、高中英语读写结合的教学模式四个内容。

在撰写本书的过程中，笔者得到了许多专家学者的帮助和指导，参考了大量的学术文献，在此表示真诚的感谢。本书内容系统全面，论述条理清晰、深入浅出，但由于笔者水平有限，书中难免会有疏漏之处，希望广大同行及时指正。

陈远明

2024 年 8 月

目录

第一章　高中英语读写教学概述

本章为高中英语读写教学概述，主要从阅读与高中英语阅读教学的理论基础、高中英语阅读教学的原则与方法、高中英语写作教学的理论基础、高中英语写作教学的原则与方法等方面出发。

第一节　阅读与高中英语阅读教学的理论基础

一、阅读

阅读在人类文明传承与发展中发挥着重要作用，其普遍被视作一种读者通过接触书面语言来了解文本内涵的心理认知过程。它不仅是简单的智力活动，还需要读者具备涵盖复杂思维的智力技能，这种智力技能在读者的学业成就中扮演着重要的角色，阅读不是某一读者单一的行为，而是包含多个环节和步骤的复杂过程，这些过程和行为相互交织，共同构成了阅读这一综合性的认知活动。学者王蔷指出："阅读其实是基于文本和读者已有的知识和经验构建新意义的过程。阅读不是被动获取信息的过程，而是在获取信息的同时与个人生活经验建立联系，对文本信息进行重新阐释和意义构建。"①

国外学者也对阅读的定义做了解释，他们主要持以下几种观点：第一，阅读是一种极其重要的思维活动，它涉及读者与文本之间的互动以及双方共同构建和解读文本意义的动态过程。在这个过程中，读者需要激活他们已有的知识点，借助各种阅读技巧，适应不同的阅读环境和条件，从而更好地理解文本内涵。第二，教师要积极引导学生成为充满激情、自主意识和反思精神的读者。这需要教师对学生进行指导，引导他们深入挖掘文本的核心价值和深层含义，鼓励他们运用自

① 王蔷．中小学生阅读素养内涵及其培养：全国首届中小学英语阅读教学学术研讨会发言（节选）[J]．英语学习，2016（1）：29—31．

身的想象力对文本中的故事情节、人物性格、思想内涵等展开思考和探索。第三，一些学者强调阅读不仅仅是学生获取信息和知识的途径。教师应当精心选择文本，让学生有机会接触到各种类型的文本，这些文本能够给学生带来阅读乐趣，帮助他们发现自我、丰富自我。

上述关于阅读的讨论，不仅向我们展示了各国学者对于阅读的多元认识，还告诉我们阅读不仅是要培养一种技能，而是要培养学生的人文精神和批判性思维。

首先，阅读是一个读者对外来视觉信号进行接收、分析和理解的过程。在这个过程中，读者通过眼睛的移动来获取信息。然而，读者对这些信息的加工处理充满了各种复杂的心理活动，包括对信息的辨认、记忆、回忆等，这使读者的阅读过程更加流畅和高效。读者借助由视觉摄入的语言符号通过比较、分析、演绎、概括等思维活动，与阅读的文本建立联系，进而通过他们主体创造性的思考感受阅读的意义。这是一个积极的、活跃的、包含读者复杂心理活动的过程。

其次，阅读是包含读者诸多心理活动的复杂过程，这是由每个读者的个体认知特点所决定的。在阅读过程中，读者需要对眼睛看到的视觉信息，也就是以文字形式呈现的符号信息进行加工，以便理解文本作者通过文字表达的具体信息。这一过程包括两个主要层次：第一个层次是了解文本的字面含义，即读者需要弄清楚文本文字本身所表达的直接信息；第二个层次则是读者在此基础上进一步理解作者的写作意图以及文本所要传达的核心主旨。相较于第一个层次，第二个层次读者的理解更深入和复杂，这不仅涉及对语言信息的理解，还包括对非语言信息，如作者的语气、态度以及文章结构布局等的掌握，完成这种理解需要读者具备更为敏锐的洞察力和更深层次的思考能力。此外，读者筛选和处理外来视觉信息的过程并非完全基于自主与随意，而是在一定程度上受到读者的学习目标、学习计划等因素的约束，当读者在识别和理解视觉信息时，他们需要动用脑海中的三种图式：语言图式、内容图式和修辞图式。语言图式是指读者已经掌握的语言知识，包括语音知识、词汇知识等，这些知识是读者理解和解读视觉信息的基础，没有这些知识，读者就无法正确理解视觉信息中的语言内容；内容图式是指读者已经具备的某一主题或领域的背景知识，当读者阅读与这些主题或领域相关的视觉信息时，他们需要运用与之相关的背景知识来理解视觉信息的意义；修辞图式是指读者对文本篇章结构的理解，在阅读视觉信息时，读者需要运用这些知识来理解视觉信息的组织和结构。这三种图式极大地影响了读者的阅读技能。

最后，阅读是极为复杂的社会性心智活动。从交际语言教学的角度来看，阅读实际上可以被视作读者与作者就某个特定话题进行对话交流的过程。在这个过程中，尽管读者与作者之间并无直接沟通，作者也无法收到读者的即时回复，但作者在创作文本时是有目的性的，大部分作者了解其目标读者群体，希望读者能够理解并把握他们所要表达的意图。读者的阅读过程也绝非一个简单的、被动地汲取信息的过程。相反，它是一个充满能动性的思维过程。在这个过程中，读者的大脑对信息产生反应，这种反应不仅是读者对信息的被动接收，更是读者主动的、深层次理解和思考。从读者自我的角度来分析，阅读是读者通过各种符号文本发现自我、与作者进行情感交流的过程。从阅读主体与社会的角度看，阅读是一种基于精神文化的消费活动，读者通过阅读文本满足了好奇心，获得了生命意义上的成长。

二、阅读素养

阅读素养是指读者理解和运用社会需要的或个人认为有价值的书面语言形式的能力，年轻的读者能够从各种文章中构建意义，他们通过阅读来进行学习、参加学校和日常生活中的阅读群体并借阅读进行娱乐。[①] 这一界定明确指出了读者在校园内以及生活中进行阅读的普遍性和重要性，强调了阅读目标和环境，它着重指出读者通过阅读来达到学习、娱乐的目的，也就是说，阅读不仅是读者获取信息的途径，更是读者学习和娱乐的方式。教师要培养学生的阅读素养需要关注以下几点：理解过程、阅读目的、阅读行为和态度。在理解过程中，教师要重点关注学生对文本内容的理解和把握；在阅读目的方面，教师要关注学生阅读的目的和动机、文本与学生阅读目的的关联性；在阅读行为和态度方面，教师要关注学生的阅读习惯、阅读策略的选择以及他们对待阅读的态度和想法。

阅读素养的内涵深度远远超过了阅读能力，阅读素养主要由两大要素构成，即阅读能力和阅读品格。第一，阅读素养具有阅读能力的各种要素，如解码能力、语言知识等，这些是阅读能力的基础部分，是阅读素养的重要组成部分；第二，它还涵盖了使读者积极参与社会活动、推动其全面成长必需的综合素养，即阅读品格。阅读品格的内涵丰富，不仅包含阅读习惯，也包括阅读体验。在阅读习惯方面，教师应从阅读行为、阅读频率以及阅读量这三个维度，为学生的阅读行为提供科学合理的意见，旨在引导学生养成良好的阅读习惯。在阅读体验方面，教

① 张颖．“国际阅读素养进展研究（PIRLS）”项目评介［J］．中学语文教学，2006（12）：3-9.

师应要求学生从阅读过程中收获情感上的知识，如阅读态度、阅读兴趣以及自我评估。提升学生的阅读素养，会对学生的全面发展起到重要的促进作用。

三、高中英语阅读教学

（一）高中英语阅读教学的地位和作用

英语阅读教学在高中英语教学中占据着重要的地位，其核心目的是通过英语阅读让学生汲取丰富的知识，同时让学生学会高效的英语阅读技巧，培养学生持之以恒的英语阅读习惯，从而使他们具备较强的英语阅读能力。此外，高中英语阅读教学还能有效锻炼学生的智力及思维能力。在英语阅读教学中，教师需要关注学生的多项能力，包括认读能力、评价能力、思维能力等。这些能力是英语阅读的基础，教师应指导学生熟练掌握字母、单词、句子等基本语言元素，以便学生顺利阅读各类英语文本、深入解读英语文本内容、把握英语文本主旨大意以及理解作者的观点和态度。

英语阅读能力不仅是学生英语学习能力的主要构成因素之一，而且是人们在学习、生活、工作中不可或缺的重要“生产手段”。虽然人类的大脑有阅读功能，但不是所有人都能把阅读的功能发挥到极致，高中英语阅读教学就承担着培养和训练学生阅读能力的责任。从科学的角度来说，高中英语阅读教学的作用就是教师引导学生尽量开发大脑的阅读功能，让学生学会如何迅速准确地接受和理解文字信息、选择文字信息、存储和处理文字信息。英语教材中的语篇，具有内容丰富、表达多样、融工具性与人文性于一体等特点。语篇不仅仅是语言知识的简单堆砌，它更是文化信息的载体，具有丰富而深刻的文化内涵。在英语阅读教学中，教师应有意识地利用这些语篇，这有利于提高学生的阅读能力，培养他们的文化素养，高中英语阅读教学还有以下作用。

1. 在高中英语阅读教学中指导学生学习知识

高中英语阅读教学具有指导学生学习知识的作用，《普通高中英语课程标准（2017 年版 2020 年修订）》（以下简称《课程标准》）认为英语阅读教学的主题语境应涵盖人与自我、人与社会以及人与自然三大领域。在人与自我领域，英语阅读教学聚焦于学生的生活与学习以及做人与做事，并从中衍生出九项子主题；当教师立足主题语境，把视野拓宽到人与社会时，就会发现社会服务与人际沟通以及文学、艺术与体育等领域对学生而言也是非常重要的，这些领域又被细分为十六个子主题。主题语境揭示了社会、文化等对学生的意义，并探讨了在不同社会环境中学生要怎样与人交流、建立人际关系以及理解社会和文化差异。例如，在人与自然主题语境下，教师应引导学生关注自然生态、环境保护、灾害防范等，人与自然主题语境又被细分为七个子主题，这些子主题将引导学生思考人类生存、社会发展与环境的关系等。在高中英语教材的语篇学习中，这部分知识内容极为广泛，不仅包含丰富的人文社会科学知识，也涵盖大量的自然科学知识。然而，在这些知识中，英语语言知识占据了核心地位。在英语阅读教学中，教师的首要任务是帮助学生熟悉英语语言知识，为此教师可以引导学生对英语语音、词汇等知识进行系统学习。通过这样的学习，教师就能够在一定程度上培养学生的语言意识和英语语感，能帮助学生尝试在多样的语境中综合运用现有的语言知识，理解语篇的含义，掌握有效表达的技巧，进而能够以书面语言尝试进行英语沟通交流。此外，教师还应指导学生学习并了解中外文化知识。这不仅包括物质文化知识，如各国的饮食、服装、建筑和交通等，还包括精神文化知识，如哲学、科学、教育和艺术等。更重要的是，教师还应当引导学生理解和尊重外国不同的价值观念、社会形态和风俗习惯等，这些都是构建和谐社会和实现国际化背景下跨文化交流的基础。这样的高中英语阅读教学不仅能拓宽学生的视野，更能提升学生的综合素质，为学生在未来成为具备跨文化沟通能力的人才打下坚实的基础。

2. 在高中英语阅读教学中培养学生的语言技能

高中英语阅读教学在教师培养学生语言技能的过程中起着至关重要的作用。语言技能是帮助学生构建语言运用能力的关键要素，它涵盖了听、读、看等理解性技能，这些技能主要涉及语言的输入方面；说和写等表达性技能，则主要涉及语言的输出方面。在学生学习语言的全过程中，理解性技能和表达性技能是相得益彰、互相促进的。因此，教师应当积极指导学生，通过参与英语阅读活动和实践练习，全面提升学生的语言技能。这样的教学策略有助于学生在真实英语语境中顺畅地进行交流，并为他们的终身学习奠定坚实的基础。

在学生学习语言的过程中，读和看是两种非常重要的技能。读主要指学生对书面文本的阅读理解能力，它是学生获取知识、理解世界的重要方式之一。看则涵盖了更为广泛的内容，它不仅包括学生对文本的阅读能力，还包括学生对图形、表格以及视频等多模态语篇的理解和把握能力，这要求学生在阅读文本时，同时观察和理解与文本有关的各种视觉元素，从而更全面、准确地了解文本内容。在学生对多模态语篇的理解过程中，不仅需要学生运用传统的阅读技能，还需要学生注意图表中的信息，学生要有敏锐的观察力和思考能力，以便准确地捕捉文本和视觉元素之间的联系，从而真正理解整个语篇的含义。提升学生的英语阅读技能，实际上是教师培养学生通过读和看等活动，理解和把握口头或书面语篇的原理、信息等。这不仅需要学生掌握一定的语言知识，还需要他们对文化知识有一定的了解。在此基础上，学生还需要运用所学知识和技能，通过口头和书面等形式写出新的语篇。这些活动不仅能有效地提升学生的语言能力、学习能力，还能够增强他们的文化意识。因此，在英语教学中，教师应该重视培养学生这两种技能，通过各种有效的教学方法和策略，帮助学生提升他们的读和看能力，从而帮助学生更好地理解和运用语言。

3. 在高中英语阅读教学中培养学生的学习能力

学习能力是指学生主动改变英语学习方法，不断拓展其英语学习的途径，追求高效学习英语的能力。这种学习能力是提升学生英语素养的关键。培养学生的学习能力，能让他们更好地进行英语学习，从而提高其英语学习效率。学习能力不仅是学生在英语学习过程中所需的重要素养，也是他们在未来学习和工作中必备的能力之一。因此，学校和教师应该重视培养学生的学习能力。

学习策略涉及学生在英语的学习和应用过程中所采取的各种措施，具体来说，在英语的学习和实际应用中，学生往往是在问题意识的引导下，采取一系列的自我调控和管理措施，以此优化自己的学习过程。这些措施，就是所说的学习策略。研究显示，学生恰当且有效地运用学习策略，可以使其英语学习效果更好，同时，也有助于培养和加强学生自主学习的能力。此外，值得注意的是，学习策略的应用范畴并非仅限于当前的英语学习场景，它还具有迁移性。这种迁移性意味着学生在某一领域或某一学科中习得的学习策略，可以被应用到其他领域或学科中，从而使学生获得更好的学习效果。毋庸置疑，这种迁移性对教师培养学生的终身学习能力具有积极作用。

在学习和使用英语的过程中，学生通常会采取一系列的策略，如元认知策略、认知策略、交际策略以及情感策略等。元认知策略是学生为了取得更好的英语学习效果使用的策略，其内容包括学习计划、评价学习和加快学习进度等；认知策略是学生为了参与英语学习活动而使用的策略；交际策略是学生为了得到更多的英语交际机会、提升英语交际效率而使用的策略；情感策略是学生为了控制自己的英语学习情绪、英语学习态度而使用的策略。学生将这些策略相互交织，以此处理在英语学习过程中遇到的难题。然而，教师想要使学生掌握就要这些策略依靠英语阅读。通过英语阅读，学生可以了解更多的英语学习策略。同时，英语阅读还可以帮助学生更好地理解和掌握英语知识，提高他们的英语表达能力。因此，高中英语阅读教学是教师使学生掌握学习策略、培养学生学习能力的重要手段之一。

4. 在高中英语阅读教学中培养学生的思维品质

思维品质涉及思维过程中的多个维度，包括逻辑推理、批判性思考以及创造力等，它们共同构成了学生英语素养的核心组成部分。提升学生的思维品质对培养学生批判性分析能力和问题处理能力而言至关重要，因为它能使学生从跨文化角度去理解和感受世界。这不仅能帮助学生在国际化的社会中立足，还能让他们对各种问题做出更为客观和准确的判断。英语教科书中的语篇不仅仅是一个简单的英语文本，而且蕴含着作者的写作意图和思想内涵。学生在阅读这些语篇的时候，需要识别并理解语篇表达的各种现象语言和文化，需要整理和总结信息，需要衡量不同的思想理论，同时也需要创新性地表达自己的想法，这一切的活动都要求学生具备相应的思维品质。高中英语阅读教学的基本任务是对学生进行语言教育，使之具有一定的英语读写能力；同时，培养学生的思维品质也是高中英语教学不可忽视的任务之一。

5. 在高中英语阅读教学中对学生进行思想道德教育

高中英语阅读教学的思想道德教育作用，是由英语学科的特殊性决定的。英语教材中所选的语篇都是健康的、积极向上的。教师指导学生研读这些语篇，对帮助学生树立正确的世界观、人生观和价值观有积极作用。高中是学生塑造世界观、人生观和价值观的重要阶段。在这个阶段，学生正处于青春期，心理和情感都处于高度敏感和活跃的状态，他们的感情容易受到各种因素的影响。同时，这个阶段也是学生对知识和思想的渴求期，他们对语篇的内容特别敏感，极易受到语篇内容的影响。所以，高中英语阅读教学的任务之一就是教师通过引导学生学习语篇内容，间接对学生进行思想道德教育。

6. 在高中英语阅读教学中提升学生的审美能力

高中英语阅读教学与审美教育有着不解之缘，高中英语阅读教学本身就担负着培养学生审美素养的任务。高中英语阅读教学的内容决定着高中英语阅读教学具备审美教育的作用，首先，高中英语阅读教学内容之美是审美教育的基础之一。英语教科书中的语篇，不管是充满趣味的记叙文，还是逻辑严谨的议论文，或是小说、散文等，都有非常鲜明的审美特征。其次，语篇表达的自然、社会和艺术之美，都蕴含在具体的语言文字之中。因此，教师应该以审美精神为价值取向，确立教学目标；以美感为标准，营造民主、和谐、愉悦的教学环境；以美的原则和方法，设计有效、灵动的课堂教学活动；以美为教学聚焦点，努力通过高中英语阅读教学提升学生的审美能力（发现美、欣赏美、应用美、创造美）。教师必须努力发现语篇中的各种美感因素，引导学生去咬文嚼字，揣摩品味语篇中的词句，悟出其美妙之处，从而领会作者的思想感情，使学生在语言上受到美的影响，在情感上受到美的熏陶，在思想上受到美的教育。

（二）英语阅读教学常见模式

观察我国高中英语阅读教学的实际情况，可以发现其教学模式主要有以下两大类。

1. 交互式教学模式

交互式教学模式，其核心是交互，它既包括人与人之间的互动，也涵盖人与文本之间的沟通。这种模式通过人与人、人与文本之间的深度沟通和互动，来激发学生学习和阅读的自觉性，进而有效锻炼了学生的阅读思维。交互式教学模式不仅能实现知识的传递以及资源的分享，还能有效提升学生的自我管控能力。在当今教育理念日新月异、不断变化的基础上，那些单一、乏味的英语阅读教学模式已逐渐被教育界淘汰。很多教师渐渐意识到交互式教学模式的巨大价值。在我国，对于交互式教学模式的研究尚处于起步阶段，学者对其看法不一，有的学者认为，交互式教学模式实际上是对话式教学法的一种体现。有的学者认为，通过这种模式，教师和学生可以进行深入的交流和互动，可以有效提升学生的英语阅读学习能力。交互式教学模式不管是在理论上还是在实践中，都为教师提供了一种全新的教学思路，使英语阅读教学变得生动有趣，是一种非常值得深入研究和推广的教学模式。

交互式教学模式以学生为核心，充分调动学生在英语阅读过程中的积极性、参与感和探索欲，进而形成一种创新的高中英语阅读教学模式。这种模式可以帮助学生加深对语篇内容的理解。更重要的是，它还致力于提升学生获取和处理信息的能力，这有利于培养他们的逻辑能力，使他们在分析和解读文本时更加得心应手。此外，交互式教学模式能让学生在学习中感受到自我效能，从而更加自信地面对学习和生活中的挑战。这种模式被高中英语教师广泛应用，标志着高中英语阅读教学从传统教师教授向引导学生学习转变，为提高高中英语阅读教学质量奠定了坚实的基础。

以北京师范大学出版社版（以下简称北师大版）高中英语必修第一册教科书中第二单元的第一课 *The Underdog* 为例，教师可以这样应用交互式教学模式。

①自主阅读：让学生在课前预习 *The Underdog* 一文，了解文章的基本内容和主题，同时找出文章中自己不理解或感兴趣的部分。文章可能会讲述一个关于弱者逆袭的故事，如一个体育团队或者个人在比赛中不被看好但最终取得胜利的故事。

②合作探究：课堂上，教师将学生分成小组，每组针对文章中的某个特定部分或话题进行深入讨论。例如，文章中可能讨论了 underdog 的定义、特点以及他们取得成功的原因，教师可以引导学生探讨这些特点如何帮助 underdog 取得成功。

③互动分享：每个小组向全班展示他们的讨论成果，其他学生可以对他们的讨论成果提问或给予反馈。这个环节可以增进学生之间的交流，同时也能够让学生从不同的角度理解文章内容。例如，一个小组可能分享了他们对于 underdog 的定义，另一个小组可能分享了他们对于 underdog 成功原因的分析。

④教师引导：教师在学生讨论的过程中巡回指导，帮助学生解决问题，并为学生提供必要的语言支持。同时，教师可以引导学生思考如何将文章中的观点与他们的实际生活经验相结合。例如，教师可以引导学生思考他们是否遇到过类似的 underdog 情况、他们是如何应对这些情况的。

⑤实践应用：教师可以设计一些与文章内容相关的活动，让学生将所学知识应用到实际情境中。例如，学生可以写一篇关于他们自己或他们知道的一个 underdog 的故事，描述这个 underdog 是如何克服困难、最终取得成功的。学生可以在课堂上分享他们的故事，以此展示他们对文章内容的理解和应用。

通过这样的交互式教学模式，学生不仅能够更好地理解 The Underdog 一文的内容，还能够提高其英语阅读理解能力和分析能力，增强学生学习英语的主动性和效果。同时，这种教学模式也可以帮助教师培养学生的合作能力、批判性思维和表达能力。

教师将交互式教学模式有效融入高中英语阅读教学中，有利于使学生突破传统“哑巴英语”学习的束缚。这种模式不仅为学生提供了沟通互动的平台，还有利于提升学生的英语实践阅读能力。相较于传统的高中英语阅读教学模式，交互式教学模式能够为高中英语阅读教学带来更为深刻的变革，从而调动学生阅读英语的兴趣，让他们在轻松愉悦的氛围中学习知识，提升学生的英语学习效率。在教师的悉心指导下，学生能更加积极主动地参与到英语阅读学习中来，使学生的英语阅读能力得到提高，因此该模式具有很高的教学价值，还能让学生在英语阅读的道路上走得更远，更好地培养他们的英语运用能力和综合素质。因此，高中英语教师要充分认识到交互式教学模式在高中英语阅读教学中的重要性，并结合实际的教学内容和学生的学习情况，灵活运用这种模式，从而优化高中英语阅读教学效果，达到高中英语阅读教学目的。

2. 项目式教学模式

项目式教学模式的核心是教师根据具体的教学内容，精心设计并制订清晰的项目实施流程。这一流程要让学生依照既定的步骤有序地进行项目活动，进而实现教师预期的英语阅读学习目标，并在实现目标的过程中，有效地提升学生的英语阅读技能和英语阅读能力。

（1）梳理核心知识，确定项目内容

项目实施是一项具有显著现实活动性的工作，因此，教师在项目实施过程中需要紧密结合实际情况来梳理核心知识，确定项目具体内容。在这个过程中，教师要清楚地认识到自己在教学活动中的角色和地位，不应过度介入学生的项目活动，而是给予学生足够的空间和自由度，让他们在探索和发现知识的过程中，充分展现个人的才华和潜能，全面提升他们的能力和素养。在此基础上，教师可以根据课程内容，对单元知识进行整理，深入挖掘主题背后的深层含义，并将这些知识与学生的实际生活紧密结合起来，从而确定具有实际价值的项目内容。此外，教师还要注重项目活动的评价和反馈，通过合理的评价体系，及时了解学生的学习情况和进展，发现他们在学习中存在的问题和不足，并对学生进行指导和纠正。同时，教师还要鼓励学生进行自我评价和反思，让他们在项目活动中不断总结经验，不断进步。

（2）分析项目内容，制订项目计划

确定项目内容后，教师要做的下一步便是引导学生细化子项目。这一步骤是使项目有序进行下去的关键。细化子项目之后，教师会按一定规则将学生分为多个项目小组，由学生根据这些子项目的内容来制订详细的项目计划。项目小组成员需要根据各自的能力和专长来完成这项任务，并选举出组长，组长负责领导和协调小组工作。接下来，小组成员共同讨论项目实施的具体方法，包括资料的分类、整理和展示方式，项目实施的步骤以及最终项目成果展示形式。教师在这一过程中扮演着重要角色，教师需要为学生提供支持和指导，帮助各小组及其组长合理分配项目任务。确保有效执行项目式教学模式的每个环节，以便最终顺利实现项目目标。这种师生合作不仅可以帮助学生掌握管理项目的知识和学会相关技能，还能培养他们的团队合作精神。

(3) 鼓励学生进行个性表达，落实项目任务

每个学生必须严格遵循其小组精心制订的项目计划，按照计划中设定的任务和步骤参与项目，最终完成项目任务。在这个过程中，教师应当激励学生发挥各自的特长，进行个性表达，落实项目任务，个性化地推进项目活动的实施。在学生参与项目式教学模式的过程中，教师需要密切关注各个小组的情况，及时发现他们可能遇到的困难和问题，并为他们提供适当的指导。这样，既可以保证项目能够顺利进行下去，也可以提高学生的学习效果和实践能力。

(4) 进行项目评估，实现项目目标

项目评估是项目式教学模式的核心步骤，这不仅体现了教师对学生参与项目式教学模式所得学习成果的指导意见，同时也能使学生深入了解自己的学习成果，这种双向促进属性对学生的英语阅读学习至关重要。

以北师大版高中英语必修第一册教科书中第三单元里的 *Paper cutting* 为例，教师可以这样运用项目式教学模式。

①选择主题：教师进行项目评估后，根据学生的兴趣和学习目标，选择一个与 paper cutting 相关的主题。例如，教师可以选择“中国传统剪纸艺术”。

②分配任务：教师将学生分成小组，每个小组负责项目的一部分。每个小组根据主题进行深入阅读和研究，收集相关信息，并准备展示材料。例如，一个小组可以负责研究剪纸的历史背景，另一个小组可以负责研究剪纸的技巧和工艺。

③阅读与研究：每组学生在课下阅读相关的文章、报告和其他资料，以便更全面地了解主题。他们可能还需要进行实地考察或进行问卷调查等。例如，学生可以去图书馆或上网查找关于剪纸的历史、文化和艺术价值的资料。

④成果展示：每个小组根据他们的研究决定其成果展示形式，成果展示内容可以包括他们的发现、分析和针对某一问题提出的解决方案等。例如，一个小组可以制作一个关于剪纸历史的海报，另一个小组可以制作一个关于剪纸技巧的演示视频。

⑤评价反馈：在成果展示过程中，其他学生和教师向正在展示的小组提供评价反馈，评价每个小组的工作。评价标准可以包括内容的准确性、分析的深度、成果展示的清晰度和创意等。

⑥反思与改进：展示小组根据收到的评价反馈结果进行反思，并讨论如何优化他们的项目学习效果，这个过程能够鼓励学生进行批判性思考和学习，了解如何从实践中吸取教训。

⑦学生分享：最后，每个小组向全班分享他们在这一过程中获得的学习经验和发现。这个过程不仅增加了学生的参与度，也提高了他们的公共演讲能力和团队合作能力。

实施项目式教学模式，学生能够在实际操作中提高英语阅读能力，同时该模式也能够培养他们的研究技能、批判性思维和解决问题的能力。这种模式可以帮助学生将课堂上学到的知识与现实世界联系起来，从而提高他们的英语学习兴趣。

第二节　高中英语阅读教学的原则与方法

一、高中英语阅读教学的原则

（一）方法领先原则

在高中英语教学中，阅读理解是非常重要的内容。在高中英语阅读教学中，教师的目标不应该只是让学生简单地“学会”阅读，而更应该引导他们达到“会学”的境界。正如古语所言：“授人以鱼，不如授人以渔”，这意味着，尽管学生在高中英语阅读中会遇到各种各样的文章，但阅读这些文章的方法是相通的。因此，在高中英语阅读教学中，教师应当遵循方法领先原则，把传授方法放在首位，向学生传授一系列科学而高效的阅读学习方法，在面对各种英语阅读理解题目时，这些方法不仅可以帮助学生灵活地运用他们已有的知识，还能让学生做到“举一反三”，将学到的技巧应用到其他类似的问题上。这些方法可以真正提升学生的知识迁移应用能力，帮助学生在英语阅读理解上取得更好的成绩。

（二）研究学习原则

在高中英语阅读教学中，教师应当采取多元的教学策略，恪守研究学习的原则，以此锻炼学生独立思考的能力。教师需要引导学生进行自主学习和协作学习，使学生掌握探索、处理和整理问题的技巧，进而使学生的英语阅读学习变得有趣、积极以及多样。在这个过程中，教师必须尊重学生的主体性，把学生当作英语阅读学习过程中的探究者，让他们真正成为英语阅读学习的主角。这样，学生不仅能够提高自己的英语阅读能力，还能在学习中体验到乐趣和成就感，从而更加积极地投入英语阅读的世界中。

（三）因材施教原则

在现代教育背景下，教师的高中英语阅读教学应当充分考虑每一位学生，确保教学内容、方法和进度适应不同学生的英语阅读学习能力和水平。对于学习有困难的学生，教师应适当降低难度，以免给他们学习压力过大，使他们产生挫败感；对于学习能力较强的学生，教师则应为他们提供更多的挑战和拓展机会，以免限制他们的能力发展。因此，教师必须坚持因材施教的原则，深入探究和理解每位学生的学习特点和学习需求。教师应通过评估和观察，准确识别每位学生提升英语阅读能力时面临的潜在困难和他们身上的优势，从而设计个性化的教学方案。在因材施教原则的指导下，分层阅读教学方法应运而生。这种方法根据学生的英语阅读能力将他们分为不同层次，为每个层次的学生提供适合其发展水平的阅读内容和教学活动。通过这样的教学策略，每位学生都能在适合自己的学习环境中提升英语阅读能力。

（四）联系生活原则

在高中英语阅读教学过程中，教师要遵循联系生活原则，竭尽全力去挑选与学生日常生活紧密相连，同时蕴含深刻内涵的阅读材料。这样的文章能够有效调动学生对英语阅读的兴趣，提升他们的综合素质。生活化的阅读材料能让学生产生强烈的情感共鸣，这种共鸣是学生在阅读过程中自然产生的，这种生活化的阅读材料还能熏陶学生的心灵，感染他们的情绪，在各个方面促进他们成长。

二、高中英语阅读教学的方法

（一）网络辅助法

网络辅助法并不是让学生无目的地在网络海洋中随意搜寻和查找与高中英语阅读有关的内容，如果没有教师的细心指导和客观评价，学生难以利用网络这一平台来有效提升其英语阅读能力。因此，在网络时代的高中英语阅读教学中，教师仍是不可或缺的。具体来说，教师可以从以下几个层面来发挥其重要作用。

1. 发挥网络互动优势

以网络为辅助的高中英语阅读教学，实际上是构建了一个互动平台，使学生更积极地参与其中。在这个平台上，教师和学生能够利用网络提供的空间，发挥网络互动优势，上传和分享英语阅读材料，实现教学资源的共通共用。这种教学模式，不仅丰富了教学资源，也使教学过程变得更加生动有趣。在具体教学实践中，教师需要依据教材的教学目标来建设一个英语阅读网络材料库。这个材料库不仅包括教材中的重点和难点内容，还包括课外内容，以此帮助学生更好地学习和掌握英语阅读的知识和技巧。此外，为了防止学生对英语阅读产生厌倦感，教师还要充分发挥网络互动的优势，将图片、视频等元素融入英语阅读材料中。在字体选择、排版设计等方面也要突出特色，吸引学生的注意力，以便让学生在轻松愉快的氛围中，提高对英语阅读的兴趣。

2. 科学地进行评估与分类指导

教师利用网络平台进行高中英语阅读教学时，需要科学地进行评估与分类指导，设立具体的评估目标与准则，以确保教学质量与效果。在构建规范且客观的教学评估体系时，教师需要全面考量并综合评估学生的英语阅读理解能力，从而准确了解学生的英语阅读理解能力。此外，利用网络平台，教师可以轻松统计学生的在线学习时长，进而得出学生的英语阅读时长与英语阅读效率。这不仅可以帮助学生了解自己的学习进度，还能帮助教师更快地掌握学生的学习情况，为后续的教学提供有力的数据支持。同时，教师还需要关注学生的错误率，通过分析学生产生错误的原因，深入了解学生对英语阅读技能的掌握情况。在完成一系列教学任务后，教师需要对整个教学过程进行总结与评估，还需要针对教学中的重点与难点，对学生进行分类指导，以确保每个学生都能在英语阅读能力上取得进步。

3. 积极地开展课后拓展阅读

为了加深学生对阅读材料的理解，并拓宽学生的知识视野，教师应当积极地开展课后拓展阅读活动。在此基础上，教师还应强调英语阅读与英语写作练习的有机结合，让学生在进行英语阅读的同时，也能通过写作来巩固所学的知识。通过这样的训练，学生在进行英语阅读时能逐渐养成快速、专注的习惯，极大地提升学生的学习效率和质量。在整个活动过程中，教师完全可以依据教材中各个单元的主题和内容，设计各种形式的课后拓展阅读活动，以增强学生的学习兴趣和参与热情。例如，教师可以指导学生针对自己感兴趣的话题进行细致的资料搜集，然后将搜集来的资料总结归纳成书面报告。此外，教师还可以组织演讲比赛，让学生在准备和参与比赛的过程中，进一步加深对单元内容的理解和掌握，在实践中提高学生的英语写作和英语概括能力。

（二）英语阅读技巧训练法

良好的英语阅读习惯与技巧对英语阅读有积极的意义，在高中英语阅读教学过程中，教师可以向学生传授一些行之有效的英语阅读技巧，同时，教师可以为学生提供一些有针对性的英语阅读技巧训练，从而提高学生的英语阅读效率。具体而言，教师可以从以下几个层面入手。

①培养学生猜测词义的技巧，学生可以根据语境与语义关系来判定词义、教师可以引导学生通过信号词、词汇或短语的同义词、近义词或反义词、标点符号等对词义进行推测，也可以引导学生借助逻辑推理、因果关系、类比关系等来猜测词义。

②培养学生略读与寻读的英语阅读技巧，略读是十分实用的英语阅读技巧，略读要求学生以尽可能快的速度粗读阅读材料，同时，获取阅读材料的主旨大意。利用略读技巧，学生可以直接跳过阅读材料中的一些细节，跳过生词以及长难句，只需选读每段的首、尾句，掌握阅读材料的大概内容即可。寻读则指的是学生在了解阅读材料大意（略读）的基础上，根据要求。从阅读材料中迅速地查找如数字、时间、地点、原因等方面的信息，为解决阅读理解问题提供依据。

③教师应训练学生学会分辨长难句的句子主干，从而更好地理解句义。教师要有计划地引导学生不断参与英语阅读技巧训练，通过实践训练学生的英语阅读意识，并将其转化为英语阅读动力，从而便学生逐渐掌握正确的英语阅读技巧，最终提高学生的英语阅读效率。

（三）情感教学法

情感涉及多种因素，如个性、态度、兴趣，自信心、移情、动机等。教师在关注学生知识与智力发展的同时，不能忽视情感的发展以及情感与认知之间的密切关系以及情感教学法在高中英语阅读教学中的作用。

克拉申（Krashen）以情感过滤假说为基础，阐述了语言学习中的情感因素，该观点的核心理念为“语言输入→情感过渡→语言习得机制→语言能力的习得→语言输出”，情感因素在语言学习过程中扮演了至关重要的角色。英语阅读是一个涉及认知、心理和生理等诸多方面的极为复杂的过程。只有在学生心态积极、情感充沛的情况下，高中英语阅读教学才能真正取得预期的效果，这样的教学才具有实质性的意义。正如克拉申的观点，学生的内在动力和自信心是语言学习成功的关键。一个充满动力和自信的学生，在接触语言输入材料时，其心理的过滤机制会相对减弱，进而能够更有效地吸收和掌握知识，学习效果自然就会更好。因此，在开展高中英语阅读教学时，教师的作用远不仅是单纯地传授语言知识和文化知识。更重要的是教师应当深入理解和尊重学生个体的经历和经验，认识到学生在情感的英语语言和文化学习过程中所扮演的核心角色，积极运用情感教学法，这样的教学，才能真正实现知识与情感的和谐统一，有望接近教学的最高境界。

（四）探究教学法

教师将探究教学法应用于高中英语阅读教学中是一种新的尝试和积累，截至目前，国内已有一些学者和一线教师基于自身的实验和研究总结了一些探究教学法的环节，笔者在此主要基于引入环节、探究环节、解释环节、详细阐述环节、评价环节这五个环节对探究教学法进行探讨。

1．引入环节

大部分学生对探究教学法并不熟悉，并且对探究教学法的一些具体操作理解得也不深入，仅仅停留在表面层次。因而英语教师在课堂上应先做好相关的引导工作，应了解学生的学习需求，并将学生引入探究的氛围中，这样就能在课堂教学一开始让学生感受到探究教学法的氛围。

2．探究环节

探究环节是学生进行探究学习的重要环节，学生在探究环节中也将发挥着非常重要的作用。在此环节，教师可先将学生分为不同的小组，让各个小组的学生自行选择相应的探究任务。例如，可让组内的一名学生负责理解整篇阅读材料大致含义，一人负责对阅读材料段落进行划分，并找出中心句和需要加以注意的关键词，再有一人负责收集同阅读材料主题密切相关的信息等。如果有特殊需要的话，教师还可以对小组成员进行更加具体的任务分配。如果学生在具体探究的过程中遇到了一些疑惑，教师可对学生进行适当的指导。在探究环节的最后，教师可以对学生探究出的成果进行整合，以更好地完成探究任务。

3．解释环节

解释环节的主要内容是教师和学生携手对探究的主题做详细解释，通过探究学习，教师可以对学生的表现和他们在具体活动中遇到的问题进行总结。具体进行解释时，首先，教师需要对主题进行解释，并对各组的表现进行点评。其次，教师开始对探究任务进行解释，这其实与传统教学中的解释相比有很大的相似性，所解释的内容也是学生需要探究的内容。最后，教师应让学生回顾自己在整个探究任务中的具体表现。

4．详细阐述环节

详细阐述环节和解释环节有着明显的区别，教师通常需要按照具体情况对这一环节所阐述的内容做相应的调整。例如，教师可以详细阐述探究目的，或者可以向学生拓展一些课外知识，这一环节的具体内容通常需要教师和学生双方进行协商而定。

5. 评价环节

评价环节是探究教学法的最后环节，这一环节是对整个探究教学活动的最后总结。在此环节，教师与学生都需要对探究教学活动进行自我评价并进行相应的反思，并且这一环节的总结也是非常关键和必要的，对学生阅读能力的培养起着非常重要的作用。这一环节会涉及对学生优点的肯定以及对学生缺点的总结，教师也可以基于一些需要探讨的话题积极与学生交流，使学生能够在探究教学法中学有所获。

（五）策略教学法

有史以来，训练学生的学习策略同培养学生的自主学习能力之间存在密不可分的关系。一些学习能力相对较强的学生，通常就有着比较强的自主学习意识，并且也能更好地掌握和运用学习策略。例如，改善学生的元认知策略，能够在无形中使学生学会对自己的学习情况进行管理，并将一些具体的学习任务置于宏观的学习过程和学习框架内，从而使学生在确立目标、制订计划，监控过程、评估得失以及不断调整中做到自主学习，掌握切实有效的学习策略是培养学生自主学习能力的重要方式和途径，比较常见的英语阅读学习策略有略读、寻读、对英语阅读内容进行预测、对指代关系进行识别等。学生只有扎实地掌握这些学习策略，才能根据阅读材料和阅读目的灵活选择和运用合适的学习策略进行学习。需要注意的是，教师不仅应在具体的英语阅读教学中展示这些策略，还应有意识地运用策略教学法训练学生，使他们掌握这些学习策略。长久下去，学生才能较好地掌握并灵活运用学习策略，也能更好地养成自主学习的习惯。

（六）语篇教学法

1. 分析语篇体裁

语篇就是交流过程中的一系列语段或句子所构成的语言整体，如果学生能够深入分析各种特定语篇体裁的特点，学生就能在进行英语阅读时更加准确和迅速地预测阅读材料的内容。从深层次上讲，对语篇体裁进行分析是教师使用语篇教学法进行教学的核心环节，这种分析不仅有助于提升学生的英语阅读理解水平，同时也能在一定程度上增强学生运用语言的能力。学生熟悉不同类型的语篇体裁，才能更好地理解作者的写作思路和表达方式，进而在英语阅读过程中形成自己的理解和判断。

在高中英语阅读教学过程中，阅读材料的体裁非常丰富多样。这些阅读材料不仅覆盖了日常生活中的实用文本，也包括文学作品、科学文章等多种类型。如果教师对这些阅读材料进行归纳总结，可以发现阅读材料以记叙文和说明文两大类为主。就记叙文而言，在教师讲授记叙文时，要先向学生介绍并解释记叙文的特征和结构，包括时间顺序的呈现、人物情感的变化等。在此基础上，教师要引导学生通过对这些特征的理解来进行英语阅读。同时，教师需要注意，在学生阅读记叙文时，要提醒他们关注事件的发展过程，这是理解全文的关键。这种方式能使教师有效地帮助学生把握阅读材料的中心思想，进而准确无误地理解阅读材料的具体内容。此外，为了进一步加深学生对阅读材料内容的理解，教师可以采取一些辅助教学手段。例如，帮助学生提炼阅读材料中的关键信息。当学生记住这些关键信息后，他们就能更加轻松地依据这些关键信息来了解阅读材料内容，这对降低学生理解阅读材料的难度起着至关重要的作用。

2. 激活背景知识

激活背景知识对于学生深入理解阅读材料起着积极作用，它不仅能够帮助学生掌握阅读材料的核心思想，还能让他们理解作者的写作意图以及作者的内在思想。要想有效地激活学生已掌握的背景知识，提问是一种非常实用的方法。这种方法能够引发学生的思考，让他们运用已有的知识去解读和分析阅读材料，使学生从更深层次理解阅读材料。

3. 将词句融入语境

将词句融入语境是语言学习的核心要素，它也是提高学生英语阅读理解能力的关键所在。在英语这门语言中，一词多义的现象屡见不鲜，也就是说，同一个单词在不同的语境下可能会表达截然不同的意思。这种情况并不仅限于单词层面，句子层面也会出现类似的现象。也就是说，当同一个句子出现在不同的语篇中时，它可能有不同的含义和功能。因此，学生要想准确理解和把握句子的含义，就必须将其置于具体的语境中。如果脱离了语境，句子含义及其功能都会变得模糊不清。基于这一点，高中英语阅读教学就不能仅仅停留在句子层面，而应该超越句子的界限，从整个语篇的角度去审视句子所扮演的角色和发挥的作用。

总的来说，在高中英语阅读教学过程中，如果词、句子和语法的处理不会影响到学生对文章内容的理解，那么教师就不用逐字逐句解释每一个词句。同时，教师还要注重培养学生的上下文推断能力，让他们能够根据上下文来揣测词句的含义。这样，学生就能把词句的含义与语篇的整体语境结合起来，以此更好地理解和把握整个语篇的内容。

4. 组织学生参与综合训练

将已有知识转化为语言技能，再将语言技能进一步升级为英语交际能力，这便是语言教学的核心目标。因此，在学生深入理解了语篇内容、体裁以及语篇中所蕴含的知识之后，教师就要有目的地组织学生参与综合训练，耐心教导学生，让他们根据阅读材料或篇章所含的信息，灵活地开展各种交际活动，包括转述、缩写等，这些交际活动旨在让学生更好地理解和运用所学知识。同时，教师应该引导学生根据作者的意图进行深刻的探论，让他们从不同的角度去分析和理解阅读材料的含义。此外，教师还可以让学生围绕难点词汇和句型开展说写活动，以此锻炼他们的语言表达能力。在语篇教学过程中，教师要尽量创造一个真实的交际情景，让学生身处其中，自然而然地运用所学语言进行交流。这样的实践训练，有利于提升学生的实际交际能力将得到极大的提升。

根据以上内容，可以明显看出，在高中英语阅读教学中，语篇教学法具有很多优势，这些优势表现在以下几点。

①语篇教学法重视学生的主体意识和参与意识。

②语篇教学法能在教学过程中充分发挥学习方法和学习技能的作用。

③语篇教学法重视学生整体理解和把握阅读材料的能力。

第三节　高中英语写作教学的理论基础

一、过程教学法理论

（一）过程教学法与结果教学法

在过程教学法流行之前，结果教学法始终是西方英语写作的主流。结果教学法是古代希腊修辞学的延伸，其重点在于文体的规范性以及文法的正确性。在教育活动中具体体现为教师对写作“结果”，也就是学生作文的极大关注。

写作练习是指学生根据教师所出的题目要求，开始创作并完成一篇作文。之后教师会评估学生作文语言表达和语法运用的准确度，并给出相应的分数。教师评估的主要目的是对学生作文的质量进行评判，以帮助学生进行修改和提升，而不是为了给出建设性的意见。写作实际上是一个渐进的心理认知过程，它包含了思维的创新过程和社交的互动过程，教师使用过程教学法进行高中英语写作教学更为合适。

（二）过程教学法理论对高中英语写作教学的启示

①英语写作是一个涉及发现、适应和同化的复杂认知过程。在这个过程中，学生不仅要独立思考，还要了解怎样收集和整理相关资料以及对所收集的资料进行内化处理，以便从中挖掘出潜在规律，并牢牢掌握相关的原理。只有经过这一过程，学生才能真正地学会如何创造性地运用所学的语言知识，以此撰写出有深度、有见地、高质量的作文。

②高中英语写作教学尤为重要，它不仅局限于提升学生的外语写作水平，更涵盖了对学生外语综合运用能力的培养。与此同时，高中英语写作教学的核心目标是培养学生在社交场合中的交流技巧，这包括让学生深入理解读者的心理以及让学生知道如何根据交际的具体目的和预期效果，来调整自己的写作风格和内容。此外，为了使高中英语写作教学的过程更加生动化、情景化，教师要创造各种真实的英语写作情境，设计丰富的英语写作活动，让学生在模拟社交环境中进行实践写作，从而更自然、更深刻地理解和掌握英语写作的技巧和策略。

③教师要在高中英语写作教学中重视同学互评对修改稿的影响；同学互评的质量问题；学生识别需要修改的问题的能力等。

二、任务型教学法理论

（一）任务型教学法理论的内容

任务型教学法的核心理论是“在做中学”，也就是让学生通过实践活动来掌握和运用语言的一种教学策略，它将语言的基本概念转化为具有实际意义的教学操作方法。在这种教学方法中，学生需要保持积极主动的学习态度，并且不断地与他人进行交流和互动。在这个完成学习任务的过程中，学生会以寻求“意义”为核心目标，积极调动各种语言和非语言的资源，与其他同学共同构建和深化“意义”，以解决特定的交际问题。通过完成各种任务，学生就能自然而然地应用语言，并在实践中找到学习语言的乐趣，这样的过程也为他们提供了一个有利于语言学习的良好环境。

不同的研究者对任务型教法法中任务的定义虽然不同，但任务本身却具备以下五个核心特征。

①任务的意义是最重要的。

②学生要在任务中处理特殊的沟通交际难题。

③任务与现实中的活动有一定的关联性和相似性。

④完成任务是学生优先考虑的事情，也是实现目标的关键步骤。

⑤以任务完成进度为标准来评价学生的学习效果。

任务型教学法以哲学和社会科学等理论为基础，不断进行自我完善，因此，它对高中英语写作教学有指导意义。专家通过对儿童母语学习过程的深入探究，得出了一个重要结论：儿童能够熟练掌握母语，并不是因为他们对语言形式进行了深入研究，而是因为他们不断总结语言输入以及练习语言输出，从而掌握了母语。正如母语学习依赖于真实环境以及人与人之间的交流和互动一样，学生学习第二语言也同样需要这些条件，而任务型教学法就能为学生提供这些条件。教师应该以与生活紧密相关的交际任务为学习内容，这是因为这样的任务能够为学生提供真实且自然的语言学习空间。在学生参与各种交际的执行过程中，他们之间的交流和沟通不仅能提高学生的语言输入和输出效率，而且还能有效地提升学生的语言应用能力。

（二）任务型教学理论对高中英语写作教学的启示

1. 高中英语写作教学应当遵循一系列原则，以确保教学质量和效果

第一，互动性原则要求教师与学生之间、学生彼此之间进行充分的交流和互动。第二，语言材料的真实性原则强调教师在高中英语写作教学中使用真实、贴近生活的语言材料，使学生在学习过程中更好地理解和运用英语，提高他们的写作真实性和锻炼他们的语言表达能力。第三，过程性原则要求教师关注学生的写作过程，而不仅是最终的作文。第四，重视学生个人经验对学习的推动作用原则强调教师应关注学生的个人经验，将其与高中英语写作教学相结合，从而强化学生的内在动机，提高他们学习英语写作积极性。第五，课堂语言学习与课外语言使用相关性原则要求教师将课堂所教英语写作技巧与学生的课外生活紧密联系起来，使学生在实际生活中能够灵活运用课堂所学的英语写作技巧。

2. 高中英语写作教学应当将互动性作为其核心要素

教师布置的写作任务要与学生的日常生活紧密结合。当学生感受到学习内容与自己的日常生活息息相关时，他们的学习兴趣就会被极大地调动起来。这不仅

能促进他们踊跃参与认知活动，这还能提升他们的自主学习能力。此外，富有意义的英语写作任务还能为学生创造更多与教师、同学以及学习客体（语言本身）进行沟通互动的机会。

三、补缺假设理论

（一）补缺假设理论的内容

教育环境特别是学校教育，在学生的心智发展过程中扮演着至关重要的角色。对智力发展水平相似的学生来说，如果他们接受的教育模式不同，或者在不同的教育环境中学习，最终他们可能会有截然不同的智力发展成果。这表明，教育环境对于学生的成长具有深远的影响。尽管在过去的几十年里，我国学生学习英语的氛围已经发生了巨大的变化，但必须承认的是无论外语环境如何变化，我国学生仍然多是在汉语环境下学习英语的，这在一定程度上限制了学生学习英语的效果，但也为学生提供了一个独特的视角，让学生能够更好地理解和利用两种语言的优势。

母语思维方式渗透到了英语学习的方方面面。无论是在词汇的理解、语法的应用，还是在语言表达方式和语言习惯上，母语思维方式都对我国部分学生的英语学习产生了深远的影响。

真实语境是我们理解一门语言的关键所在，它能够帮助我们识别出哪些语言结构是本地人经常使用的，哪些是本地人很少使用或者从不使用的。这种识别不仅可以帮助我们掌握另一门语言的语言规则，还可以让我们了解规则的例外情况。要想增强语感，就应让学生长期并且密切地接触英语，英语语感并不是一蹴而就的，需要通过不断学习和实践才能逐渐培养出来。在自然的语境中学习英语语言形式，学生才能更好地理解和掌握英语。然而，并不是所有的学生都能获取这种理想的学习条件。因此学生可以尝试利用多媒体来感受英语语境。例如，观看原版英语电影、听原版英语音乐等，这些都可以帮助学生更好地理解英语的真实语境，有利于帮助学生运用英语进行沟通和表达。

（二）外语学习语境补缺假设理论对高中英语写作教学的启示

①要想最大限度地利用网络资源为高中生英语写作学习打造一个具备多样性和广泛性的输入环境，就需要提供多元的、真实的语境。这样的语境不仅能丰富

学生的英语输入，还能帮助他们更好地理解和掌握英语信息，同时可以帮助学生构建起易于理解的英语文化图式。

②在进行英语写作时，学生要能够深刻理解和熟练运用各种常用词汇的搭配方式。因为词汇搭配技能是每一个英语学习者必须掌握的核心技能，它直接影响着学生在写作过程中表达思想观点的顺畅性和精准度。

③在网络学习环境中，教师应当发挥关键作用，精心设计并搭建网络学习平台，让学生接触到海量的、易于理解的英语语言材料。这样不仅丰富了学生的英语学习资源，而且通过各种形式和内容的英语语言输入提高了学生接触和运用英语的频率。这种多样的语言输入对于学生来说至关重要，它能够让学生在各种不同的语境中学习和使用英语，从而为高中英语写作教学打下坚实的基础。

四、人本主义理论

（一）人本主义理论的内容

进入 20 世纪，众多的心理学家逐步意识到行为主义和认知主义这两种理论在研究人类的思维能力、学习过程等复杂问题时存在一定的局限性。这两种理论过于依赖严苛的实验方法，忽视了人类独特的本质特征，导致心理学研究在理论和实践上出现了机械决定以及动物化的倾向，甚至出现了将人类简化为生物机制的还原倾向。行为主义和认知主义学习理论中一定程度上存在着对人性的误解和曲解，因此，人本主义理论越来越受欢迎，美国人本主义心理学学会应运而生，这意味着人本主义理论获得了学术界的广泛认可，并为心理学研究开辟了新的道路。罗杰斯（Rogers）是该理论的代表人物，他对人本主义理论进行了深入的阐述，其著作《自由学习》多次再版，为人本主义理论的发展做出了重要的贡献。

（二）人本主义理论中指导高中英语写作教学的核心思想及其应用

1. 人本主义理论中指导高中英语写作教学的核心思想

①学习的天性，这个天赋是每个人的特质。人本主义理论坚信人的本性是善良的，他们相信每个人不仅拥有与生俱来的内在发展潜能，而且每个人还对未知的世界有强烈的好奇心，因此，每个人都具备学习的潜力。在这个理念下，高中英语写作教学被视为一种特定的能帮助学生完成自我实现过程，它能够挖掘人们的潜能。人本主义理论强调每个人都应得到充分的尊重和认可。

②罗杰斯对教育领域尤其是教学提出了独到的见解，他明确指出，在教学中，应当充分融合认知学习与经验学习这两种方法，以促进学生全面而深入地掌握学习技巧以其理论为指导，我们认为高中英语写作教学应具备以下特征。

第一，高中英语写作教学是需要师生投入一定心血的活动，是师生情感与认知的深度交融。

第二，高中英语写作教学以个人导向为核心。虽然在学习过程中，学生可能会接收到来自教师或外部环境的各种刺激和指导，然而，对写作主题的深入探讨、学习范围的拓展、对知识的掌握与理解都依赖于学生个人内在的驱动力和自发性。

第三，高中英语写作教学的成果是全面而深刻的，它不仅能影响学生的学习成绩，还能触动学生的内心世界，进而可能引发学生行为方式、态度乃至人格的根本转变。

2. 人本主义理论在高中英语写作教学中的应用

人本主义理论对高中英语写作教学在目标上做出了重要指导，即强调通过教育来发展人的本性，重视激发学生的创造潜力，促进学生认知与经验的融合以及推动其理性和感性的发展。这样的教育理念不仅能使学生认识到自身价值，还能进一步激发他们的自我实现潜能。在教学理念和实践方面，人本主义理论倡导以学生的个性发展为核心目标，认为所有的教育手段和方法都应该围绕学生的需求来设计，以此促进学生的成长和进步。这些理念在学生中心教学模式中得到了充分的体现，同时也与合作学习、自主学习等概念密切相关。在高中英语写作教学的具体方法上，人本主义理论强调将人与社会的实际活动作为英语写作学习的核心内容，重视教师和学生共同参与课程设计、共同处理教学过程中遇到的问题，并在操作实践中共同学习。

（1）人本主义课程理论

人本主义课程也被称为“以人为中心的课程”，人本主义课程理论高度重视人的情感、情绪和态度，认为它们在人的成长过程中具有不可替代的重要性。该理论主张教师在设计课程时，必须从学生的角度出发，全面探究学生的需求和特点，从而达到全面提升他们的素质和能力的目的。此外，这一理论还特别注重开发人的潜力，实现人的自我价值，使人在学习过程中不断发现自己的兴趣和特长，养成独立思考和自主学习的能力。

该理论主张学校的课程设置应当以人为中心，体现人本主义，为了实现这一目标，该理论提倡学校开设以下三种类型的课程。

第一，体验课程，这是一种通过融合认知与情感来激发学生求知欲，从而促进学生整体素质提升的课程，也被称作自我实现课程。这种课程强调的不再是单一学科的知识传递，而是要求学校与教师将来自不同领域的知识进行有机结合，形成全新的课程内容。

第二，情感课程，其核心在于培养学生在非认知领域的综合素养。这类课程关注学生心理健康、伦理道德以及娱乐休闲等方面的能力发展，还涵盖了如语文、家政、道德等学科。这些学科在情感课程的框架下，不再仅仅追求知识传授，更注重培养学生的情感态度、塑造学生的价值观、提升学生的判断力以及他们对各种课程相关技能的熟练度。

第三，学术课程，这是一种致力于帮助学生深入领会并熟练掌握自然科学、社会科学以及人文科学等领域知识的课程。学术课程追求对学术领域的深度挖掘和全面覆盖，学术课程的内容不仅包括基础的理论知识，还包括对这些知识的发展历程、研究现状以及未来发展趋势的探讨。

（2）培养学生的创造性

人本主义理论坚定地认为教学的根本目的是推动学生个体的自我完善和成长。在这个理论中，激发学生的想象力和培养其创造性思维在教学中占据了至关重要的地位，它们被视为人本主义教育的核心目标。马斯洛（Maslow）是人本主义理论的代表人物，在他看来，创造性可以被区分为两类：一是源自学生独特天赋的创造性，这种天赋并非每个人都有，传统教育方式无法充分挖掘和培养这种天赋；二是每一个健康的学生在面对新鲜事物和全新情境时所应具备的创新能力和适应性。因此，学校组织高中英语写作教学的核心使命就是激发和实现学生的自我创造。此外，罗杰斯作为人本主义理论的另一位重要人物，对创造性又做了进一步的分类，将其分为破坏性的创造性和建设性的创造性。在他看来，教师要培养学生建设性的创造性，就必须满足两个条件：心理自由感和心理安全感。

心理自由感是一种赋予个体充分自我表达权利的理念，它鼓励人们解除束缚，无拘无束地进行思考与感受，从而增强各种体验的轻松愉悦感，其本质是人类心灵的解放，它让人在面对世界时，能够以最真实、最自然的方式与世界进行交流和互动；心理安全感则是人能对他人与新事物表现出较高的包容与接受度，在高中英语写作教学中主要体现为教师应为学生创造一个无任何外界评价压力的环境，让他们自由表达自己的思想与情感，教师应通过移情理解，设身处地地体会学生的感受，从而更好地满足他们的需求，帮助他们建立起对英语写作的信心。

第四节　高中英语写作教学的原则与方法

一、高中英语写作教学的原则

（一）恰当性原则

在高中英语写作教学中，教师要遵循恰当性原则，确保教学的恰当性是至关重要的，这主要体现在其写作任务的设计必须符合要求。具体而言，为了更好地提升学生英语写作能力，教师设计的写作任务应当具有以下两个显著特点。

一是能够充分唤起学生内心深处的交流欲望，让学生在写作过程中联想起丰富的素材。

二是对学生英语语言能力的提升具有显著的促进作用，能够有效地拓展学生的词汇量，使他们掌握更多的新句型，让他们在语言表达和沟通方面更加得心应手。

这两个方面不仅是英语写作的必备条件，同时也是教师设计写作任务的重要准则。具体而言，如果教师想要设计一个优秀的写作任务，就必须确保其与学生的实际状况相符合，使学生能够基于丰富的素材和个人经验进行英语写作。此外，教师设计的协作任务的设计还需要贴合学生的语言水平，这样他们才能在英语写作过程中，将学到的理论知识有效转化为实践技能。

（二）注重基础原则

1. 重视词汇和句子训练

教师要重视词汇和句子训练词汇是构建文章的基础，词汇量不够，学生就难以写出优秀的作文。因此，教师在进行单词的教学过程中，应该注重加大单词之间的对比教学力度，让学生能够在英语写作过程中熟练地掌握并恰当地运用单词。在此过程中，教师需要特别留意同义词、近义词以及反义词的差异，以便让学生在英语写作过程中正确区分这些词汇，准确表达自己的思想。此外，教师还应当向学生讲授英语成语，让他们不断地记忆和练习这些英语成语，这样学生在进行英语写作时，就能有效地加强作文的表达效果，使文章更具吸引力。教师要重视词汇、词组和句型的训练，这是提升学生英语写作水平的关键。教师还要引导学生养成勤阅读的好习惯，让学生通过英语阅读来积累词汇，以此掌握多种表达技巧，使他们的写作内容更具表现力。

在提高学生语言学习技能和英语写作技能的过程中，句子扮演着至关重要的角色。它是传递思想、表达情感和描述事实的基本单元。因此，为了提高语言表达的准确性和丰富性，学生需要熟练掌握不同的句型，同时也需要不断地练习造句。造句练习的优势在于它能够让学生在实际运用中快速熟悉和掌握语言规则，进而在英语写作过程中更加自如地运用英语。这种练习方式不仅简单方便，而且效果显著，是高中英语写作教学中不可或缺的教学方法。教师要加强词汇和句子训练。在实际操作中，造句练习可以与词汇教学、句型教学以及语法教学等多种教学活动相结合，达到相互促进、相得益彰的效果，除了传统的造句方式，教师还可以采用如组词成句、填词成句、合句、仿写句子等多种词汇和句子练习形式组织学生参与词汇和句子训练。

（1）组词成句

to，Tom，his，England，next，will，parents，month，with，back，go

组合为：Tom will go back to England with his parents next month.

（2）填词成句

Jane ( ) speak ( ) Chinese ( ) Spanish.

Jane (can) speak (neither/both) Chinese (nor/and) Spanish.

（3）合句

Last week Class 3 visited that factory.They could see the workers. The workers were making machines in one workshop.The workshop was the factory.

Last week when Class 3 visited that factory, they could see the workers making machines in one workshop of the factory.

（4）仿写句子

Abraham Lincoln was respected in America.Premier Zhou was respected in China.

2. 加强翻译训练

翻译可以极大地增强学生的语言意识以及减少母语对学生英语学习过程的干扰，教师应考虑加强翻译训练在学生尝试进行翻译时，教师应当从多个层面对学生进行细致的指导，包括单词的选择、句法的构造、篇章的布局等。通过翻译训练，学生可以直观地对比和了解汉语与英语在语法结构、表达习惯以及文化内涵等方面的相似之处与差异点，这不仅可以帮助学生深化对两种语言的理解，还可以有效提升学生在中英文之间灵活变换思维的能力。在翻译训练过程中，教师应鼓励学生至少运用两种的翻译方法来表达同一个意思，这样可以增加翻译的灵活性和准确性。同时，学生应尽量运用固定句型来翻译句式，使每个句子都能有主动语态与被动语态、倒装句与强调句以及简单句与并列句的多样表达。这样的训练能够促使学生学会如何使用同义词组进行翻译替换。例如：Try one's best do one's best make great efforts do what one can，再如：Lily can solve the problem only in this way. Lily wont's solve the problem unless she follow this way. It is in this way can Lily solve problem. Only in this way can Lily solve the problem. The problem can be solved only in this way. 一句多译是帮助学生实现思维拓展的重要方式，它不仅能锻炼学生多角度运用知识的能力，还能为学生提供大量的词汇和语言素材，为学生在英语写作中做出准确表达打下坚实的基础。在持续而有针对性的翻译训练中，学生会逐步脱离母语的固有思维模式，将自然而然地采纳和运用符合英语习惯的表达方法，可见翻译训练可以帮助学生在不同的语言和文化背景中表达自我。

（三）技巧指导原则

1. 让学生掌握各种英语文体的特点及写作技巧

使学生掌握各种英语文体的特点是提高其英语写作水平的关键，这一点对于学生作文的整体架构、段落构建以及全文的连贯性都具有极其重要的影响。在英语写作教学过程中，教师应当为学生深入讲解各种文体的特点及写作技巧，包括记叙文、说明文、议论文等多种常见文体。同时，教师还应当多教授学生一些写作技巧，如定义法和列举法等。为了帮助学生更好地掌握这些写作技巧，教师应当为学生提供大量具有参考性的优秀范文，引导学生细致了解和欣赏这些优秀范文，以便从中学习写作技巧、积累写作素材，进而在实践中提升自己的英语写作水平。具体的措施包括：

首先，教师应当要求学生熟练掌握五种基本句型：(a) S + V；(b) S + V + O；(c) S + V + O + O；(d) S + V + P；(e) S + V + O + C。在保留基本句型的基础上，教师引导学生巧妙地给主语、谓语或宾语二次增添一些修饰语句，可以扩大句子所含的信息量。如“That boy is my friend”可变为“That boy whose father works abroad is my good friend”。

其次，对于学生来说，他们在撰写作文时需要运用各种过渡词或者衔接词，这样有利于增强学生作文的连贯性。为了帮助学生掌握这一写作技巧，教师可以先行整理出一些常用的过渡词，并向学生详细讲解其用法，使学生能够准确无误地运用它们，以下是一些常用的过渡词。

表示并列关系：or，and，too，as well (as).

表示转折关系：but，however，yet，while，though，otherwise，nevertheless.

表示递进关系：what's，more，besides，in addition，moreover，what's worse.

表示让步关系：though，as，even if/though，whether，although，in spite of，no matter，now that，despite，whoever，whatever，whenever，wherever.

表示因果关系：because，because of，since，as，therefore，so，thus，as a result of，owing to，thank to.

2. 加强学生写作全过程指导

教师需要高度重视学生写作的全过程，并加强对学生写作全过程的辅导。一旦学生开始写作初稿，教师就可将学生划分为若干小组，以此对初稿进行集体探讨。经过集体探讨，教师就要深入引导学生对作文的结构、文体、语篇连贯性及修辞策略等进行互评互改。以此为基础，学生需要对初稿进行反复修订和优化。最终将成稿交由教师审阅。教师的反馈应涵盖内容、语境和语言运用等多个层面，教师既要认可学生作文的优点，也要指出学生作文中普遍存在的问题并让学生共同修正。在收到教师的反馈后，学生应再次对自己的作文进行修订。因此，教师在学生预写、讨论、修订、写终稿和接收反馈的写作全过程中，需要向学生提供细致入微的指导，以消除学生对英语写作的恐惧，进而点燃他们的写作激情。

二、高中英语写作教学的方法

（一）过程写作法

1. 过程写作法的含义

过程写作法在西方的写作教学中很受欢迎，它的灵感来源于交际语言教学。该方法认为，写作并不是单纯的写作，而是与自身、与生活、与社会紧密联系在一起的一项有计划、有意义的认知过程。

2. 过程写作法的具体步骤

（1）明确教学内容与成绩统计的方式

通常，叙议结合的命题作文、非命题作文以及应用文是过程写作法教学的主要内容，此外过程写作法的教学内容还包含一些自由写作、语篇练习、课堂日记等，教师应在学期初向学生展示每个学期高中英语写作教学的内容，以使学生对高中英语写作教学的全部教学内容有一个大致的了解，做到心中有数、同时，教师还应明确过程教学法的成绩统计方式。过程写作教学法的成绩统计方式是平时成绩占英语成绩的80%，试卷成绩只占英语成绩的20%。学生在平时的英语写作中可以更多地发挥自己的主观能动性，重视英语写作的过程，这样提高其英语写作能力就变得简单而轻松。

（2）了解过程写作法的三个阶段

①准备阶段。准备阶段主要是进行个人构思的阶段。

个人构思需要学生对作文题目进行深入了解，需要学生进行自由联想或是集思广益。

个人构思的形式主要有以下三种。

第一，自由写作。

自由写作是指教师设定一段时间，不规定英语写作的语法等，鼓励学生尽可能地少思考而多写、这种写作形式可有效克服学生心中有想法但不知如何落笔的思维阻滞障碍。

第二，思路图。

思路图相当于列提纲，具体做法是学生先把作文题目写在一张空白纸上，再将由作文题目想到的一些关键词迅速记在空白纸上，这些关键词可以是几个简单的词汇或句子，也可以是几个单个的字或短语。思路图的好处是它能帮助学生记录关键词，方便学生后期将这些关键词整理成篇，同时，这些关键词所传达出的信息正是写作的主题，对学生把握文意主题也有很大帮助。完成思路图后，学生还需要将思路图再整理一遍，把这些词联系起来使得整体上逻辑清晰，这可以帮助学生拓展其写作主题。

第三，启发。

启发是指当学生无话可写时，教师可以让学生回答一些问题来引导他们发散思维。例如，教师可以让学生回答以下类似提纲式的问题。

话题：作文的题目涉及的话题有哪些？

目的：选择这一话题是为了解决什么问题？

知识：对于这一话题，我们掌握了哪些相关知识？还需要了解和学习哪些知识？

②起草阶段。作文的起草阶段主要由以下内容构成：范文的阅读借鉴、各类写作知识和方法的学习、学生相互之间的评论与借鉴。

首先，教师应引导学生阅读一定数量的优秀范文。范文既可以是完整的文章、也可以是文章中的一个语篇。

其次，教师要引导学生学习各种写作知识和写作方法。各种写作知识和写作包括通过各种媒体（书籍、杂志、网络等）引用参考资料、段落的构成方法、变换措辞（避免文章重复使用的一种方法）等，上述知识并非教师一次性逐条地向学生讲解就能让学生掌握的，而是需要学生在各篇作文的写作过程中分开练习，只有这样他们才能学生学以致用。

最后，学生相互之间点评和借鉴作文，一个班级中，学生的写作水平常表现出不同的等级，学生间的相互点评和借鉴可使写作水平仍需提升的学生学到写好作文的方法和技巧。也可以使他们看到自己的不足之处，明确以后努力的方向。

③修改整理阶段

修改整理阶段教师需要审阅最后的修订稿，此时教师才可对学生作文的语法用词进行批改。这一阶段，教师的评语也应由之前的建设性的评语改为评判性的评语。学生也应对教师的评语和修改意见有所反应，也就是学生要依据教师修改意见对作文进行全面的修改，包括对语法、词汇、拼写、标点、大小写、句子结构、语言表达形式的修改，修改的方式也不相同，可以是学生个人进行修改，也可以是小组合作进行修改，修改完成后学生再将修改过的初稿交给教师。教师对学生个人或小组合作修改过的初稿进行审评，很显然，通过修改，学生的认知能力、思维能力、自控能力和书面表达能力都得到了提高。

（二）交互式写作法

1. 交互式写作的含义

交互式写作以合作学习理论为指导，在教学思想和核心内容方面与合作学习有相同之处，交互式写作重视学生的主体地位，致力于发挥学生自主探究的能力，鼓励学生以小组的形式进行交流，试图借此挖掘学生的潜能。交互式写作常通过标准的评价体系对小组内成员的作文进行评估，其最终目标是使学生掌握较强的写作能力，提高其英语成绩与培养其英语写作技能。

2. 在高中英语写作教学中应用交互式写作法的具体步骤

在高中英语写作在高中英语写作教学中应用交互式写作法需要以下具体步骤：分组、交流想法、收集资料、起草、修改、呈现和评价。下面笔者以课上练习为例，对交互式写作法的具体步骤进行介绍。

在学期开始之初，教师组织学生自愿结成可持续一个学期的固定小组，每一个小组的任务都是相同的，他们需要通过分工协作来收集资料和其他前期工作。在课堂上，教师要引导学生完成从英语写作理论到英语写作实践的转化，真正将作文写出来，这就需要教师讲解作文的基本要求步骤、作文主题和内容的构思、材料的组织、篇章的结构安排、语言的表达形式等，通过教师对这些知识的讲解，学生能够在大脑中构建一个全面而系统的写作网络体系，然后安排学生仔细阅读优秀范文，并针对优秀范文对学生提出引导性的问题，以培养学生积极思考和总结的良好习惯。教师需要给学生布置相应的练习环节，教师可以给出多个题目供学生选择，学生可以选择自己比较感兴趣的题目进行写作，此时教师可以组织学生随机分成 4～6 人小组，各组成员在共享之前备好材料，话题的讨论可以集思广益，在交流中得到灵感，从而获得写作思路。这样对英语写作大有裨益。学生先拟定初稿，并对其进行修改，小组内成员之间相互评阅初稿，评阅的内容根据每次写作的形式和内容而定，并由教师对学生进行提示，引导他们给作文添加更多内容。互评中，学生可以上述问题为依据对同学的作文进行评阅，在学生参考同学互评意见对原文进行修改后，教师再附上一段评语。

第二章　批判性思维视角下的高中英语阅读教学

本章讲述了批判性思维视角下的高中英语阅读教学，主要介绍了批判性思维相关概述、高中英语阅读教学培养批判性思维的原则、批判性思维视角下高中英语阅读教学方案。

第一节　批判性思维相关概述

一、批判性思维的定义

批判性思维源于西方，其词根“kritikos”在希腊文中指辨别、洞察与判断，延伸意为敏锐、精明。此思维形式既涵盖对错误的发现与弱点的查找，也关注优点与长处。它有利于培养学生的创新与创造能力，是当前教育研究的热点。然而，因学者研究领域和认知角度存在差异，学术界尚未对批判性思维的定义达成共识。

在我国，对批判性思维的研究尚处于萌芽阶段。当前，相关人员对于批判性思维的研究主要集中在哲学领域和心理学领域，而教育学领域尚未深入研究这一课题。由此，国内对于批判性思维的定义多源自哲学和心理学领域，这从侧面反映出我国在批判性思维研究上的多元性与局限性，同时也揭示了我国学术界对深入研究批判性思维的迫切需求。

不论是国内的学术界还是国际学术界，对于批判性思维的定义仍不统一。面对这一情况，美国哲学协会运用德尔菲法，对批判性思维做了如下的界定：批判性思维是某一个体目标明确、自我校准的判断。这种思维不受任何学科边界的限制，本质上是一种普遍适用的探究工具，它不仅可以反映思维技能的水平，更能体现现代人文精神的内涵。因此，批判性思维是一种融合了目的性、自我校准、跨学科性和人文精神的探究工具。它不仅是学术界的重要研究方向，也是现代教育中不可或缺的一部分。批判性思维可以帮助我们更好地理解世界、解决问题，甚至推动人类社会的进步和发展。

笔者综合国内外研究，认为批判性思维是优化思维的能力，能够帮助我们合理决定相信或做什么。它要求我们运用智慧辨析事实观念，不盲从、不以自我为中心，追求真理，旨在帮助我们清晰全面认识世界，避免被表面现象迷惑，正确评估信息的清晰性、准确性等。

二、批判性思维的特点

（一）独立性

在学术的殿堂中，批判性思维犹如一座巍峨的灯塔，其光芒照亮了我们探索真理的道路。独立性正是这座灯塔的核心特征，它赋予了我们客观认定世界的视角，引导我们在做出判断和决策时保持慎重与明智。

独立性并不意味着对权威或传统的盲目反叛，而是要求我们超越书本的束缚，不盲从于上级的指示，只坚守事实的基础。它能够鼓励我们摒弃一切外界的干扰与偏见，以独立的姿态去审视问题，去挖掘真相。

在批判性思维中，独立性是不可或缺的起点，它能使我们保持与情感的距离，不被情感左右，从而更加客观、理性地分析问题。这种独立性，不仅是我们进行学术研究的基础，更是我们成为独立思考者的关键。

因此，当我们运用批判性思维时，务必铭记独立性的重要性。

（二）主动性

学术界认为主动性也是批判性思维的核心特征，面对任何对象，我们都应积极发挥自身的主观性，主动进行思考与分析，而非漠视或无视外界的任何信息。在任何情境下，积极思考都要求个体拥有强烈的好奇心，并具备一种深入探究直至了解真相的精神，这种精神是推动我们进行知识探索和学术研究的关键动力。

具体而言，当一个人能够主动地、严谨地提出问题时，他实际上是在为自身的创造性思考提供源源不断的动力。这种主动性不仅表现在对问题的发现上，更体现在他对问题的深入分析和解决上。因此只有通过主动思考，我们才能不断拓展自己的思维边界，激发更多的创新灵感。

对于学生和教师而言，培养和保持主动性是至关重要的。学生应积极参与课堂讨论，主动提问、主动思考，培养自己的批判性思维。教师则要应用各种教学方法引起学生的好奇心，引导他们主动探索知识，鼓励他们在学术研究中保持旺盛的求知欲和探索精神。只有这样，学生才能不断拓展其知识的边界。

（三）反思性

批判性思维具有反思性，在学术领域，反思被视为一种主动、全面且细致的探究过程，其探究的对象主要是观念、假说的基础、推理及其作用。有学者认为，反思性思维是我们在做出任何判断之前必须经历的过程。具体来说，这一过程是我们对知识、理论或观点的深入思考和自我审视。它要求我们不仅要理解表面信息，更要深入挖掘其背后的逻辑和依据。反思性使我们能够全面地审视我们能接触到的观念和假说，从而更好地理解其可能存在的缺陷和局限性。

在学术研究中，反思是推动知识进步的重要手段。通过反思，我们可以重新审视和评估我们已经了解的知识和理论，发现其中的问题并寻求解决方案。这不仅可以帮助我们深入理解知识，还可以帮助我们更好地应用这些知识。

对于学生而言，反思也是其学习过程中的重要一环。通过反思，学生可以对自己的学习过程和结果进行评估，找出自己的不足并寻求改进。同时，反思也有助于培养学生的批判性思维和独立思考的能力，这对于他们的学术发展和个人成长而言都是非常重要的；对于教师而言，反思同样具有重要意义。教师可以通过反思自己的教学方法和效果，找出自身在教学上的问题并寻求改进。这不仅可以提高教师的教学质量，还可以促进教师的专业发展。

（四）综合性

批判性思维作为一种高阶认知能力，其核心在于对事物进行全面而深入的综合判断，因此批判性思维具有综合性。这种思维方式鼓励个体在思考问题时，不仅要摆脱片面的视角，还要避免仅从某一维度出发思考问题的局限性。在利用批判性思维进行思考时，我们应摒弃中庸之道，不盲从于流行的观点或偏见，坚守客观立场，从正反两个维度出发，综合、全面地审视问题。通过这种方式，我们能够更准确地把握事物的本质，减少困惑，提高决策的准确性和有效性。在学术研究中，批判性思维所具备的综合性特征不仅可以帮助学生全面理解学术知识，还能够培养其独立思考和解决问题的能力，从而为他们未来的学习和职业生涯奠定坚实的基础。

（五）合理性

批判性思维的主要目的是确定我们自身的某一判断是否合理，而不是去说服他人。批判性思维具有合理性，它不是辩论赛中单纯求胜的手段。如果认识到对方观点正确，习惯于用批判性思维思考的人会承认对方的观点。对他们而言重要的是获得真知，而不是谁赢了辩论。

批判性思维的合理性决定了它不等于不听别人意见的“独立”思考，它要求我们倾听多方的观点，然后对这些观点进行综合判断。批判性思维的独立思考是个体先突破自我的封闭，倾听各方，然后努力超越自我和他人。批判性思维不只是“有破才有立”，而是还要“有立才有破”，有构建和创造才有批判。批判性思维要以符合逻辑基本规律为基础，所以批判性思维具备合理性。

（六）创新性

在学术界，批判性思维被视为一种高级的认知过程，它超越了传统的思维模式下个体对权威的盲目服从，可以鼓励个体勇于表达质疑与否定，这就说明批判性思维具备创新性。批判性思维的创新性可以体现在多个层面上，包括我们对自身观点的审视、对他人论点的质疑、对既有信仰的重新评估以及对理论框架的颠覆性思考。从更深层次看，批判性思维不仅是创新的催化剂，其本身也要求个体持续地创新与进步，这两者之间存在相辅相成的关系。在教育和学术研究中，高校教师发挥批判性思维创新性特点的作用，对更新与完善知识体系、培养具有创新精神的学生和教师具有至关重要的意义。

批判性思维和创新的关系大体如下。

①批判性思维的质疑和开放意识，试图从心理上打开人类自我禁锢的牢笼。它强调人类的认识、技术不会登峰造极，人不能故步自封，这与创新的追求相同。

②批判性思维者多有自主，积极，好学、求真的性格特点，这与创新者的性格特点相似。批判性思维使人头脑灵活，脚踏实地，这与创新者勇于探究、实证的精神状态相似。

③批判性思维与创新都遵循“不立不破”的规定，这种规定“迫使”批判性思维者以创造来完成批判过程。因为批判性思维的判断是批判性思维者对竞争观点的选择，如果没有竞争观点，批判性思维者便要创造竞争观点。

④创新需要灵感，批判性思维的探究，要求批判性思维者提出问题和分析问题，然后寻求丰富信息，并对问题进行辩证思考，这些活动为创造提供了问题、信息和思维的三大条件，奠定了产生灵感的基础。

⑤批判性思维的分析和综合的方法也是启发批判性思维者新观念、新发现的方法。批判性思维需要批判性思维者来分析问题、数据、论证的隐含假设，寻找

反例，进行假设推理。批判性思维可以帮助批判性思维者开拓思路，发现新的联系，这体现了创新的思想。

⑥批判性思维的辩证性可以帮助批判性思维者创造新观念，研究证明，多方的批判性讨论、质问和挑战最容易创造新的观念，创造新的观念也是一种创新。

⑦批判性思维与创新一样重视实证理性，规定批判性思维者要用全面的事实和推理来证实、完善批判性思维的思考创作的新观念。

三、批判性思维与高中英语阅读教学

（一）高中英语阅读教学中的问题

现代高中英语阅读教学应强调教学理念与方法的革新，这要求教师摒弃以教师为中心、以书本为主的教学模式，重视培养学生的探究能力、信息获取能力和自主学习能力，特别是培养他们的批判性思维和创新精神。然而，当前高中英语阅读教学仍存在一些问题。

1. 教学模式较为僵化、单一

高中阅读教学要培养学生基本的阅读技能，如略读、找读、预测下文、理解大意、分清文章中的事实和观点、猜测词义、推理判断、了解重点细节、理解文章结构、理解逻辑关系、理解作者意图、评价文章内容等。基于此，在高中英语阅读教学的实践中，部分教师为提升学生的英语阅读技能，安排了如略读、找读、精读等教学步骤，并辅以推理判断和词义猜测相关的题目。然而，这种过于程序化的教学流程可能会让学生感到乏味和厌倦。一些教师倾向于将高中英语阅读课转变为对文章的详细讲解，他们关注文章中的重点句型、短语及单词的用法，并为学生安排大量练习，要求他们巩固这些知识。这种教师提出问题、学生回答问题，并围绕某一话题进行讨论的任务型教学方法，虽有一定价值，但教师过分依赖这一模式会导致其教学模式较为僵化、单一。在这种教学模式下，教师往往会成为课堂的“主宰者”，而学生则会沦为被动的“观众”。这不利于培养学生的发散性思维，更无法培养他们的批判性思维。

2. 过于注重对语法与词汇知识的讲解

语法词汇是高中英语阅读的基础，但一些教师过于注重对语法与词汇知识的讲解会导致学生忽视文章的深意和结构。一些教师在高中英语阅读教学中过于注重对语法与词汇知识的讲解，该过程占用了大量课堂时间，导致学生缺乏思考机会。这种教学方法单调乏味，抑制了学生的主动性和创造性。另外，还有一部分教师通过大量练习来强化知识点，使学生误以为高中英语阅读课仅限于记忆语法和词汇知识，无法培养学生主动思考真实阅读问题的思维。

3. 多媒体技术运用不当

在高中英语阅读教学中引入多媒体技术，其主要目标在于改变传统教学方式的局限性，并更有效地解决传统教学方式难以应对或不能充分解决的问题。在高中英语阅读教学领域，教师合理地运用多媒体技术能够为学生创造一个充满生机与活力的学习环境，这可以帮助教师实现高中英语阅读教学的目标。

高中阶段是学生培养形象思维与抽象思维的关键时期。因此，在英语阅读教学中，教师对多媒体技术运用不当一方面会降低学生的学习热情和求知欲，另一方面可能阻碍他们形象思维与抽象思维的发展。因此，教师应慎重使用多媒体技术，确保其既能有效地辅助教学，又能尊重学生的主体性及创造性，否则教师对多媒体技术运用不当会在无形之中削弱学生主动阅读的意愿与动力。

审视当前高中英语阅读教学的现状，我们不难发现，仍有部分教师倾向于采取侧重语言知识灌输的教学方法，而对学生进行启发和引导的部分则相对匮乏。在高中英语阅读的课堂教学中，师生间的有效互动及深入问题的讨论较少，教师在解析文本时，往往过度强调答案的标准化和规范性，从而导致高中英语阅读教学过程中的学生主体地位被忽视。教师倾向于将语言知识直接灌输给学生，而学生则扮演着被动接受和存储知识的角色，他们的思维空间与想象力在很大程度上受到了限制。这种单向的知识传输模式，不仅使高中英语阅读教学变得单调乏味，而且使学生在学习过程中表现出被动和消极的态度。更严重的是这种模式抑制了学生思维能力的全面发展，特别是批判性思维的发展。这样的高中英语阅读教学，不利于培养学生的批判性思维，对学生的全面发展和提升其英语学科素养构成了阻碍。

（二）高中英语阅读教学中缺乏批判性思维的主要原因

高中英语阅读教学中缺乏批判性思维的主要原因是教师自身缺乏批判性思维素养，教师需要具备批判性思维素养，这样才能培养出优秀的学生。一些教师误解了批判性思维，认为这种思维会让人否定一切。他们认为在高中英语阅读教学中培养学生的批判性思维是多余之举，自己在高中英语阅读教学过程中照本宣科即可，不需要尝试额外突破，这种态度阻碍了学生批判性思维的发展。

如果教师本身不具备批判性思维素养，那么学生即便有独特的见解，也可能因为畏惧而不敢表达，这些想法最终只能深藏他们的心底。长此以往，学生的批判性思维便可能在未得到充分发展的初期阶段就被抑制。所以，教师缺乏批判性思维素养对培养学生的批判性思维有着一定的负面影响。

（三）高中英语阅读教学培养学生批判性思维的必要性

在当今知识爆炸的时代，教师的作用不仅是传授知识，更要使学生具备能够适应社会的思维品质和技能。随着社会的发展，具备批判性思维的人才成为推动社会发展和推动我国与国际接轨的关键。因此，教师在高中英语阅读教学过程中培养学生的批判性思维是非常重要的。

在学术领域中，批判性思维是个体在尊重多元观点的同时进行深度审视的能力。这种思维能力不仅能够帮助个体学会尊重他人的智慧，汲取先进经验，还能帮助个体从深层次对自身的思想进行提升。此外，批判性思维者会在学习过程中秉持包容和接纳的态度，能在对某些知识进行认知的过程中发现新的见解，还能够收获一些创新成果。在高中英语阅读教学的过程中，教师应培养学生的批判性思维，批判性思维能让学生更有效地探索并理解各种高中英语阅读材料，进而从中获取更深层次的知识和智慧。这不仅能够培养学生的创新精神，同时也能提高他们的创新能力。对于学生来说，在其个人成长的过程中，批判性思维更是学生构建科学、健全的世界观、人生观、价值观的关键工具。因此，教师应该重视在高中英语阅读教学中培养学生的批判性思维。从更深层次来看，发展批判性思维对于提高学生的学习能力和自主学习能力有着至关重要的影响，它能够帮助学生更全面地理解问题，从多个角度看待问题，从而准确判断问题，这种能力对于深化高中英语阅读教学改革而言具有重要的实践意义。

1. 信息时代的要求

在当今时代背景下，信息已成为推动社会发展的重要资源，尤其是在英语信息的国际化发展趋势下，信息变得越来越重要。为了在众多的信息海洋中脱颖而出，教师必须努力培养学生的批判性思维，以帮助学生在未来的工作和生活中精准地筛选和评估信息，从而做出明智的决断。如果缺乏批判性思维，那么学生在未来的工作中和生活中可能会陷入信息的漩涡，被各种纷繁复杂的信息所淹没，甚至可能被错误的方案所影响，走向错误的道路。批判性思维并不仅要求个体对他人的观点进行质疑，更重要的是它能够帮助个体对自己的想法进行审视和反思，它强调独立思考的重要性，能够让个体产生并坚持自身正确的独特见解。

批判性思维的核心在于逻辑、理性和事实的力量，它要求学生以理性的态度去分析和解决问题，而非盲目地跟随他人的观点。作为独立的个体，学生需要具备思考能力和判断能力，而不应简单地被他人的意见所左右。

鉴于此，教师在高中英语阅读教学中融入对批判性思维的培养显得尤为重要。通过此举，学生的批判性思维将得到锻炼，这将使他们更加珍视逻辑的力量。如此一来，学生在进行英语阅读时，不仅能够迅速且准确地获取自身发展所需的知识，还能够以理性的态度面对各种问题，选择明智的做法。以此为基础，在对英语阅读信息进行分析、处理的过程中，学生可以自主地开展学习、实践和探究活动。这一过程不仅能够提升他们的自主学习、实践和探究能力，也可以逐步将他们培养成符合社会发展要求的综合型人才。引入这种教学方法，不仅能够让学生取得更好的学习效果，还能够让他们以更为成熟和理性的思考方式处理现实问题。

教师重视培养学生的批判性思维将使学生更加擅长质疑和反思，让他们更容易对所读文章进行深入分析和评价。他们将借助批判性思维能力学会从多个角度看待问题，而非仅仅接受表面的信息。这样的学习过程不仅能够提高学生的知识水平，也有助于教师锻炼自身的逻辑推理和判断能力。

2. 培养学生创新思维与实践能力培养的要求

国家与民族的进步发展需要以创新思维为动力，其培养年轻人的批判性思维，特别是培养他们的质疑意识也有利于培养他们的创新思维。高中英语阅读教学应当致力于培养学生的批判性思维，鼓励学生运用创新思维突破传统思维的束缚，敢于对权威提出疑问，从而打破固有的思维模式，促进个人的全面发展。批判性思维是创新思维的核心动力，它能够引导学生进行深入思考，进而使其在反思中不断创新。创新思维与批判性思维是相辅相成的，二者缺一不可。

在高中英语阅读教学领域，培养学生实践能力被视为教师的重要教学任务，这要求学生不仅应掌握和理解高中英语阅读理论知识的相关概念和原理，更应深刻理解其实践过程与动态运用方法。这种教学任务打破了静态的平面思维限制，使高中英语阅读的思维模式从传统教育思维模式逐渐转变为更为立体的、动态的思维模式。教师应着重培养学生的批判性思维，这种能力能够使他们学会从不同的角度审视并批判性地分析所学知识。此外，实际操作也是培养学生实践能力的重要方式，每一次实践都有助于学生对先前知识或理解进行质疑与批判。在当今时代，社会青睐的是勇于挑战、敢于实践的创新者。这就说明高中英语阅读教学应致力于使学生具备开阔的视野和大胆创新的勇气，能够以批判性的眼光看待问题，并能够运用所学知识进行大胆的实践与探索。这样的教育理念旨在培养不仅在理论上有所建树，更能在实践中有所突破的新一代人才。只有这样，高中英语阅读教学才能真正与时俱进，满足社会发展对于人才的要求。

可见，教师应在高中英语阅读教学中培养学生的批判性思维是由培养学生创新思维与实践能力的要求决定的。

第二节　高中英语阅读教学培养学生批判性思维的原则

一、准确把握批判性思维

虽然批判性思维非常复杂，迄今为止学术界也未就“什么是批判性思维”达成一致意见，但通过广泛而深入的理论学习，教师仍可以提炼出批判性思维的一些基本属性，从而形成对批判性思维的准确理解。当然，这还远远不够。鉴于培养学生的批判性思维一般涉及面广，历程也较长，教师要在高中英语阅读教学中培养学生的批判性思维，还应当准确把握批判性思维，聚焦批判性思维的内涵，明确其培养目标、培养内容与培养要求，把握本学科对于培养学生批判性思维的独特意义，在此基础上制订能够培养学生批判性思维的教学方案，摸索相关教学流程，选择或开发培养工具，开展教学实践并进行反思和总结。

二、将培养学生的批判性思维融入语言教学与内容教学

培养学生的批判性思维对高中英语阅读教学而言固然重要，但不可喧宾夺主。语言能力是英语学科核心素养的重要组成部分，也是培养学生文化意识、思维品质和学习能力的依托和基础。因此，教师要培养学生的批判性思维，不能舍本逐末，应该基于对批判性思维的准确理解，将培养学生的批判性思维融入语言教学与内容教学，仔细梳理教材，捕捉不同语篇中可用于培养学生批判性思维的操作点，由此在语言教学与内容教学的基础上搭建批判性思维教学架构，将语言教学、内容教学和培养学生的批判性思维有机融合。

三、加强对学生批判性思维养成过程的关注

批判性思维的评估对象是思维本身，而人对思维进行批判性地评估需要经历一定的过程，包括区分观点与事实、识别论点与论据、推断信息间的支撑关系、

反思自身的论证是否站得住脚等。这一评估过程还需要依据一定的标准，如概念界定是否清晰（清晰性）、所用论据是否与论点相关（相关性）、所引用的数据是否准确（准确性）、是否考虑到了所有可能性（广度）、因果推论是否成立（逻辑性）等。因此，教师要培养学生的批判性思维，应该加强对学生批判性思维养成过程的关注，而不仅仅关注培养学生批判性思维的结果，教师要在必要时要巧设问题、巧用工具来培养学生的批判性思维。

四、全面认识在高中英语阅读教学中培养学生批判性思维的意义

目前仍有部分教师对高中英语阅读教学应培养学生的批判性思维心存疑惑：既然批判性思维如此重要，那么高考一类的考试评价对其是否有考查？又是怎么考查的呢？在高中英语阅读教学领域，高中英语阅读作为一项基础性的社会活动技能，其内涵丰富且深远。它不仅涉及理解、运用、评价以及反思等一系列复杂的认知与语言技能，更是学生参与许多英语相关社会活动不可或缺的基础。英语阅读理解不仅应涉及对文章内容及结构的深入理解与精准把握，还应涵盖对文章内容的细致分析、精确阐释以及客观评价。英语阅读理解的试题设计要让学生能够理解和判断语篇中存在的文化差异，同时进行深入分析和阐释语篇所反映的情感态度和价值观。教师培养学生的批判性思维，可以帮助学生全面提升其英语阅读理解能力，使其能够在英语阅读过程中不断进行自我反思与提升。教师培养学生的批判性思维不仅能对学生的英语学习起到积极的推动作用，同时也为其日后参与社会活动、理解并融入多元文化环境奠定了坚实的基础。所以，教师应全面认识在高中英语阅读教学中培养学生批判性思维的意义，将培养学生的批判性思维作为高中英语阅读教学的重要任务之一。教师要通过科学的教学方法和策略，引导学生运用批判性思维深入理解英语阅读的本质和价值，使其能够在英语阅读中不断成长与进步。同时，教师还应合理设计试题和教学活动，以培养学生的批判性思维，提高学生的英语阅读理解能力和文化素养。目前，高考英语科目阅读理解的题型主要以循证性阅读选择为主，多为让学生依据所读文本信息，根据题目要求，在四个选项中选出最为适切的答案形式。这实际上展现了以学生所读文本为依据（理由和证据），以学生所选答案为结论的推理过程，而学生批判性思维的水平如何，决定了这一推理过程是否能基于正确的依据推导出正确的结论，进而也将影响学生最终的成绩。

第三节　批判性思维视角下高中英语阅读教学策略

一、建立民主和谐的师生关系

在高中英语阅读教学中，教师需要建立民主、和谐的师生关系，使高中英语阅读教学氛围更加宽松。

在新时代，教师应超越传统的教学与学习、传授与接受的师生关系，在师生之间建立一种更深层次、多维度、民主和谐的关系。

首先，教师应摒弃陈旧观念，彻底摆脱权威思想的束缚和教师专制的思维模式，时刻铭记“弟子不必不如师，师不必贤于弟子”的智慧箴言。这意味着教师不再是课堂上的领导者，而是与学生在学海中共同探索、共同成长的伙伴。

其次，教师应将尊重、信任、理解和宽容作为对待学生的基本原则。他们需要与学生建立平等的关系，这种平等不仅体现在知识的传授上，还要体现在情感交流和人格尊重上。学生不应只是被动地接受知识，教师应该鼓励学生主动地思考、质疑和表达。

最后，在日常教学中，教师面对学生的质疑时要持有开放的态度。学生提出合理质疑并不是扰乱课堂秩序，而是学生独立思考和创新的体现。对于那些敢于质疑、敢于发表不同见解的学生以及那些敢于对阅读材料进行评判的学生，教师应当给予他们高度的赞扬和奖励。这样的做法不仅能让学生敢于思考，还有利于培养他们的创造力和批判性思维。

在学习北师大版高中英语选择性必修第一册教科书中的 *Money* VS *Success* 小节时，学生可以从不同的角度质疑教材中课文的内容。例如，学生可以质疑课文中关于金钱与成功关系的论述是否准确，是否有足够的证据支持课文中的观点；还可以质疑课文内容是否充分考虑到不同文化背景下的金钱观和成功观以及这些观点是否具有普遍性；学生还可以质疑课文内容与实际生活的关联性、课文中所讲内容是否能够帮助他们更好地理解和应对现实世界中的金钱与成功问题。教师应尊重学生的质疑、尊重学生的见解，这样更有利于让学生理解课文，使他们收获只听取直接讲解难以达到的学习效果。

要建立民主和谐的师生关系，教师还应在教学方式上摒弃“满堂灌”“一言堂”式的教学模式，改变以教师为中心的教学模式。

二、培养学生的问题意识

新事物的诞生源于人们对旧事物的持续否定，当代人应避免盲目接受多元信息和既有权威学说中的错误理念，站在怀疑和批判的立场，敢于挑战多元信息和既有学说，摆脱传统的束缚，并勇于开创新思维。在培养学生批判性思维的过程中，培养学生的问题意识显得尤为重要。

问题意识即个体在认知过程中对某一事物产生的疑惑、困惑或想要探索的心态，这种心态是推动个体进行深入思考、不断提问并寻求答案的内在动力。在高中英语阅读教学中，如果学生拥有强烈的问题意识，他们便会积极地去探索问题的答案，这一过程会使他们感到满足，对于其保持英语阅读专注力、加深对阅读材料的理解与记忆，以及对阅读材料进行科学、客观评价等都是极其有利的。反之，若学生缺乏问题意识，对阅读材料毫无疑问，那么批判性思维培养和创新教育都将失去其应有的意义和价值。因此，在高中英语阅读教学中，培养学生的问题意识尤为重要。

部分教师在开展高中英语阅读教学时多采用教师提问学生回答的教学模式，强调教师的提问技巧，并未重视培养学生的问题意识。学生较少主动发现、解决问题，这可能源于主观上学生进行英语阅读时不用心、目标不明确，客观上教师角色错位、知识匮乏，从而影响了高中英语阅读教学效果，限制了学生思维的发展，阻碍了学生批判性思维的培养。

在高中英语阅读教学中，教师应培养学生的问题意识，让学生理解教材中的课文，鼓励其向教材中的课文、向权威提问。要培养学生的怀疑、求真精神，鼓励其发现问题、思考并发现新知识。在学习北师大版高中英语选择性必修第一册教科书中第三单元第一课 *The Sixth Extinction* 时，学生可以对课文提出疑问，质疑课文中关于物种灭绝原因和影响的科学证据是否充分或最新；质疑课文内容是否充分考虑到不同文化背景下的环保意识和生物多样性保护需求；质疑课文内容与实际生活的关联性、如何将课文中所学内容应用于现实世界的环保行动中。如果学生对课文有深刻理解、有问题意识、能体现学生用批判性思维思考的过程，教师应给予其鼓励并引导其进行讨论。此举旨在活跃课堂，引导学生更积极地投入英语阅读。教师应鼓励学生主动提问，而非让学生仅听教师解释，从而培养学生的问题意识。

学术研究表明，学生的强烈好奇心可以对其全方位发展起到推动作用，能鼓励他们进行积极思考，也能鼓励他们提出五花八门的问题，还能鼓励他们探究这些问题的答案，有效促进学生的全面发展。在进行高中英语阅读课程的教学设计时，教师必须对每节课的教学内容、教学方法、任务设定以及课堂组织进行优化。例如，教师要用心创设问题情境，以引起学生的好奇心和探究欲望。通过这种方式，教师能够有效地引导学生进入学习状态，进而提高教学效果和优化学生的学习效果。在进行高中英语阅读教学时，教师需要确保所设计的问题情境既能吸引学生的注意力，又能与高中英语阅读教学内容紧密相连，从而达到最佳的教学效果。

三、引导学生进行独立思考

"学而不思则罔，思而不学则殆。"独立思考是指个体在不受外界干扰的情况下，自主观察、分析问题和现象，这是个体发展创新思维的基础。具有独立思考能力的人不会盲目接受他人的思想，能够做到不畏权威、坚持自己的观点。缺乏这一能力的人则可能在创新思维和批判性思维方面有所欠缺，这可能会影响到其人格的发展。在高中英语阅读教学中，教师应结合阅读材料，引导学生进行独立思考，并鼓励他们勇于表达自己的独特见解。

在高中英语阅读教学的过程中，教师应积极寻找多元途径去激发学生的阅读兴趣。例如，教师可以巧妙利用北师大版高中《英语》教科书与学生日常生活紧密相关、能引起学生共鸣的有趣话题、问题以及图片等调动学生的阅读兴趣和阅读热情。除了合理利用教科书，教师还可以在带领学生阅读材料之前，播放与阅读材料主题紧密相关的视频片段，以视听结合的方式进一步引起学生的好奇心和求知欲。这样的做法能够帮助学生更快地进入学习状态，使他们主动发现问题、分析问题，并积极寻找问题的答案。在这个过程中，学生的批判性思维也将得到有效锻炼。

在高中英语阅读教学中，教师要设计自主学习环节，挖掘教科书中的资源以引导学生进行独立思考，培养学生的自学能力，并通过问题引导学生利用图书馆、网络等进行拓展阅读，形成独到见解。例如，教师在讲授北师大版高中英语必修第一册教科书中第一单元 *Life Choices Reading Club* 时，可以在教学过程中的多个环节培养学生自主学习能力：①预读环节：在阅读关于职业规划的课文之前，教师让学生思考他们对未来职业的期望和兴趣。②快速阅读环节：教师要求学生快速浏览课文，找出课文的主要观点和关键词。③细节理解环节：教师提出问题，如课文中提到的职业规划方法有哪些、作者如何支持自己的观点等。④深入分析环节：教师引导学生探讨课文中职业规划的重要性和方法以及这些对他们个人职业选择的影响。⑤批判性思考环节：教师鼓励学生评价作者的职业规划建议，并讨论这些建议是否适用于他们自己的情况。⑥讨论与分享环节：教师组织学生分享他们对课文的不同解读和对未来职业规划的看法。学生参与讨论、整理观点的过程就是其独立思考的过程，在这一过程中，学生的知识水平得以提升，独立思考的能力也得到了提升。

为了培养学生独立思考的能力，教师需要拓展自身的思考空间，树立开放型作业观念。传统高中英语阅读作业多为固定答案的题型，不利于学生的思维发展，特别是不利于培养学生的创新思维和批判性思维。高中英语阅读作业应结合知识性、实践性和思想性，教师要借助高中英语阅读作业鼓励学生深入思考、独立思考。教师应根据阅读材料和自己所负责班级的学生水平布置开放型作业，如让学生续写故事、准备辩论稿或描述人物物品等，不要设置标准答案，以此来培养学生独立思考的能力、分析解决问题能力和逻辑表达能力。在北师大版高中英语教材中，有许多小说故事和文本，其中登场的角色各具特色，给人留下了深刻印象。例如，在 *The Underdog* 这个故事中，主人公是一个“板凳球员”，通过刻苦训练和坚持不懈，最终在比赛中取得成功。他的故事能使学生认识到，无论面对多大的困难，只要坚持不懈，就有可能取得成功。

这个角色能给人留下深刻印象的原因不仅是他在体育竞技上取得了令人瞩目的成就，更重要的是他在逆境中展现出的毅力和决心。通过分析这个角色，学生不仅能够提高他们的英语阅读能力，还能够学习如何面对挑战和困难、如何通过不懈努力实现自己的目标。在这一过程中，学生处于广阔的独立思考空间之中，思维得以展开，有利于培养学生的批判性思维。

四、鼓励学生进行合作探究，开展民主讨论

在高中英语阅读教学中，构建师生和谐关系是培养学生批判性思维的基础。独立思考作为关键能力，对于培养学生的批判性思维而言至关重要。同时，强化学生的质疑意识是批判性思维培养的重点环节。为了促进学生批判性思维的发展，教师应在民主和谐的氛围中，鼓励学生进行合作探究，并引导他们适时开展民主讨论。

在高中英语阅读教学中，为了有效培养学生的批判性思维，教师能否合理运用任务型教学方法对培养学生的批判性思维而言尤为关键。在教学设计环节，教

师需要精心构思既有效又富有探究性的问题，从而通过问题引导学生进行深度思考和民主讨论。当面对这些问题时，学生会更倾向于进行独立思考，对问题进行仔细分析，提出自己的见解，并为之寻求充分的论据支持。这种深度思考的过程不仅能够锻炼学生的思维能力，还可有效提升他们的语言表达能力。此外，在民主讨论的过程中，学生为了增强自己观点的说服力，会更加专注地倾听他人的论述，并进行思考、分析和评判。这种互动与交流的环境，更易于锻炼学生的批判性思维，从而在无形中培养学生的批判性思维。

在高中英语阅读教学中，教师需要重视针对学生学习体验所展开的深入设计。为此，教师需要重新设计课堂教学中的合作探究环节，以更好地促进学生之间的合作学习与民主讨论。在这一环节中，教师要积极打造一个有利于学生间和谐互动的交流空间，进而为学生提供切实的学习体验平台。

首先，教师的设计要让学生充分地感受合作探究的喜悦。在每一个教学主题中，教师都要设计富有挑战性和启发性的问题，以此鼓励学生积极进行合作探究。在此过程中，学生不仅可以交换思想，也能从中得到不同的见解与启示。

其次，教师应致力于让学生在这个环节中真正地发散他们的思维。要鼓励学生在合作探究过程中进行有逻辑性的发散思考，允许他们从不同的角度去审视问题，鼓励他们及时提出自己的见解和主张。这样的环境可以为学生的逻辑思考提供广阔的空间，能够让他们自由地展开思考的翅膀，从而培养他们的批判性思维。

最后，教师要确保学生在这个环节中能够充分表达自己的观点和主张。要鼓励他们用逻辑清晰、论据充分的表达方式来解释自己的观点。这不仅能锻炼他们的思维能力，也有利于培养他们的批判性思维。

对于具有争议性的问题，不同的人站在不同的角度思考时会得出不同的见解与主张，这样的问题是民主讨论中的重要问题，这样的问题也更有利于培养学生的批判性思维。

无固定答案的问题能帮助学生发散思维，富含逻辑推理和事实依据的探讨，有利于培养学生的批判性思维和自主学习能力。在高中英语阅读教学中，教师应提出有多元答案的问题，以帮助学生完成深度思考与进行自我表达。例如，教师在教授北师大版高中英语必修第二册教科书中第六单元 *The Admirable Writing Workshop* 相关内容时，可以提出以下具体问题：①你认为创意写作最重要的是什么？是情节、人物还是语言风格？②你如何在写作中表达自己的独特观点和感受？③你最喜欢的写作风格是什么？为什么？④你是如何通过观察来激发写作灵感的？⑤你认为观察对于写作的重要性是什么？⑥你能否分享一次通过观察得到的写作灵感的经历？

这些问题没有固定的答案，旨在引导学生深入思考并表达自己的观点和感受。这些问题不仅能够提高学生的英语阅读能力，还有利于培养他们的批判性思维和自主学习能力。

五、以培养学生批判性思维为目标的课堂教学设计策略

（一）教学目标

在批判性思维视角下，培养学生批判性思维的课堂教学目标不仅包括提升学生的语言能力，更重要的是培养他们的批判性思维。这意味着在高中英语阅读教学过程中，教师要引导学生学会如何分析、评估、解决问题，并形成自己独立的见解。此外，教师还需要关注学生的情感态度和思想认知，帮助他们建立正确的世界观、人生观和价值观。

为了实现这一目标，教师需要设计具有挑战性和启发性的教学活动，引发学生的思考。例如，在学习一篇关于社会问题的课文时，教师可以引导学生探讨课文中的观点、论据，并评估这些观点和论据的合理性。这样的教学过程，更有利于培养学生的批判性思维。

（二）教学内容

以培养学生批判性思维为目标的课堂教学内容往往涉及社会问题、伦理道德、文化差异等较为复杂的内容。这些内容能引起学生的思考和分析，使他们从不同角度审视问题。例如，在学习关于环境保护的课文时，教师可以引导学生探讨环境问题的根源、影响以及解决方法，从而培养他们的批判性思维。

为了使教学内容更具挑战性，教师可以引入一些争议性话题，让学生在讨论中学会分析问题、评估不同观点的合理性。同时，教师还可以结合时事热点，让学生关注社会动态，提高他们的社会责任感。

（三）教学方法

以培养学生批判性思维为目标的课堂教学多采用互动性强、富有挑战性的教学方法。如讨论、辩论、小组合作、项目研究等。此外，教师还可以利用现代教育技术，如网络、多媒体等，为学生提供更多样的学习资源。这样，学生在课堂

上不仅可以与同学互动，还可以与外部世界进行交流，有利于拓宽学生的视野。

（四）教学过程

在教学过程中，教师会引导学生通过提问、分析、评估等方式来深入理解课文。例如，在学习一篇关于社会问题的课文时，教师可以提出问题，引导学生分析课文中的观点、论据，并评估这些论据的合理性，这样的教学过程有助于培养学生的批判性思维。

为了使教学过程更加有效，教师需要关注学生的思考过程，及时给予学生反馈和指导。同时，鼓励学生提问，培养他们的问题意识。此外，教师还可以组织一些课外活动，如实地考察、采访等，让学生在实践中学会观察、思考和分析。

（五）学生角色

在以培养学生批判性思维为目标的课堂教学中，学生是积极参与者，他们需要主动思考、提出问题、对问题进行探究和分析。学生的个人观点和思考过程受到重视，他们被鼓励表达自己的看法，这有助于培养学生的自主学习能力和批判性思维。

为了使学生更好地发挥自己的角色，教师需要给予他们足够的信任和支持。同时，教师要使学生之间形成互相尊重、包容的良好学习氛围。此外，教师还可以设立一些激励机制，如表扬、奖励等，提升学生的学习兴趣和学习积极性。

（六）教师角色

教师在以培养学生批判性思维为目标的课堂教学中扮演引导者和促进者的角色。他们通过提出适当的问题和组织相应的活动来引导学生的思考，同时在学生讨论和合作探究的过程中为学生提供必要的支持和指导，这有利于培养学生的批判性思维。

为了更好地履行这一角色的职责，教师需要不断提高自己的专业素养和批判性思维。同时，教师要关注学生的需求和兴趣，随时调整教学策略。此外，教师还需要具备较强的组织能力和应变能力，以应对课堂上可能出现的各种情况。

（七）评估方式

以培养学生批判性思维为目标的课堂教学的评估方式不仅仅要评估学生的语言技能，还要评估学生的思考过程、分析能力、创造力和批判性思维。因此，这种课堂教学的评估方式可能会评估学生的论文、报告、口头陈述、讨论参与度等，并以此来判断学生的课堂表现如何。这种多元的评估方式可以帮助教师全面了解学生的表现，为他们的成长提供有针对性的建议。

为了使评估结果更加客观、公正，教师需要制订明确的评估标准和实施细则。同时，鼓励学生参与评估过程，让他们了解自己的优点和不足。此外，教师还可以定期对评估方式进行反思和调整，从而确保这种评估方式具备有效性。

（八）教学环境

批判性思维教学需要一个具备开放性和支持性的教学环境，要求教师鼓励学生自由表达、尊重多样性和包容不同的观点。教师会创造一个轻松的教学环境，让学生在这种比较轻松的教学环境中分享自己的想法，这样的教学环境有利于培养学生的自信心和批判性思维。

为了营造良好的教学环境，教师需要关注学生的情感需求，建立民主和谐的师生关系。同时，鼓励学生之间形成互相尊重、包容的良好学习氛围。此外，教师还可以利用课堂外的资源，如图书馆、网络等，为学生提供更广阔的学习空间。

第三章　英语学科核心素养视角下的高中英语阅读教学

本章为英语学科核心素养视角下的高中英语阅读教学，主要介绍了英语学科核心素养与高中英语阅读教学、英语学科核心素养视角下的高中英语阅读教学活动的设计、教学评一体化在高中英语阅读教学中的应用。

第一节　英语学科核心素养与高中英语阅读教学

一、英语学科核心素养的内涵

学科核心素养是指学生通过学习某学科的知识与技能、思想与方法而习得的重要观念、关键能力与必备品格，学科核心素养是连接学科内容标准与学生核心素养的纽带。在谈到英语学科核心素养的内涵时，程晓堂认为，英语学科核心素养的内涵除了使学生学习英语语言知识和发展语言技能，还包括多重的育人价值，而育人价值是英语学科核心素养的基础，能够促进学生在心智能力、情感态度、思想品德、社会责任等方面的发展。[①] 王蔷指出，《课程标准》应以英语学科核心素养为思路导向。[②] 核心素养、英语学科核心素养、《课程标准》等的关系如图 3-1-1 所示。

① 杨云，王飞涛．英语学科核心素养视域下的高中英语课堂教学策略研究[M]．重庆：重庆大学出版社，2021．

② 同①．

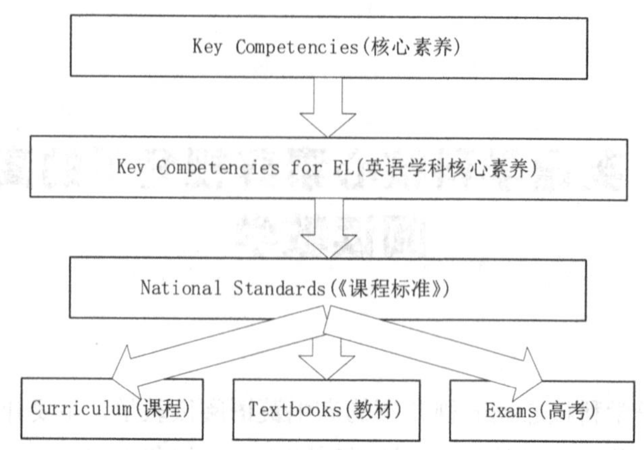

图 3-1-1　核心素养、英语学科核心素养、《课程标准》等关系图

《课程标准》对英语学科核心素养的定义如下：学科核心素养是学科育人价值的集中体现，是学生通过学科学习而逐步形成的正确价值观、必备品格和关键能力。英语学科核心素养主要包括语言能力、文化意识、思维品质和学习能力。这四个组成部分里面，文化意识是灵魂，思维品质是根本，语言能力是基础，学习能力是保障。

英语学科核心素养之所以把思维品质包含在内，除了语言和思维之间有着密不可分、相互促进的关系以外，还因为学生在学习外语时，能够通过参与观察、比较、分析、推断、归纳、构建、评价、创新等活动，弥补单一语言给他们带来的思维的局限，帮助他们学会从多角度思考问题，进而全面提升其思维品质。提升学生的思维品质还有助于提高学生分析和解决问题的能力，有助于促进学生的深度学习，同时促进学生语言能力的发展、文化意识的培养以及学习能力的提高。为此，黄远振认为，英语应当为思而教，因为英语学科教学的主要任务不是积累知识，而是学思结合、借英语学科教学帮助学生发展思维，英语学科教学的最终目的是培养能够独立思考的人。[①] 程晓堂和赵思奇认为，作为英语学科核心素养的思维品质，既不同于一般意义的思维能力，也不同于语言能力核心素养中的理解能力和表达能力，而是一些与英语学习紧密相关的思维品质。[②]

然而对思维品质的培养在部分学校的英语学科一线教学中出于种种原因而存

① 黄远振．英语为思而教：从“必须”走向“可能”[J]．中小学外语教学（中学篇），2017，40（7）：1—6．

② 程晓堂，赵思奇．英语学科核心素养的实质内涵 [J]．课程·教材·教法，2016，36（5）：79—86．

在缺位，体现国家意志的《课程标准》首次明确其在基础外语教育中的地位，不但有利于纠正长期以来部分学校英语学科一线教学忽视学生思维能力培养的不良倾向，也有利于我国中学生英语学科核心素养的培养和基础外语教育水平的整体提升。

美国知名教育学家布鲁姆（Bloom）把思维过程具体分为由低到高的六个层级：记忆、理解、应用、分析、综合、评价。前面三个层次通常被称为低阶思维，而后面三个被称作高阶思维。后来又有学者对其进行了改进，新的六个层级分别为记忆、理解、应用、分析、评价、创造，《课程标准》和布鲁姆的思维层级里的思维品质目标基本匹配（见表 3–1–1）。

表 3-1-1 《课程标准》思维品质目标和布鲁姆思维层级对应表

序号	《课程标准》思维品质目标	布鲁姆思维层级	
1	能辨析语言和文化中的具体现象	理解	低阶思维
2	能梳理，概括信息，构建新概念	应用	
3	能分析、推断信息的逻辑关系（逻辑性）	分析	高阶思维
4	能正确评判各种思想观点（批判性）	评价	
5	能创造性地表达自己的观点（创新性）	创造	

有学者就如何在教学中进行英语学科核心素养培养，让核心素养的培养不仅仅停留在口号和文件上，而是真正落实到具体教育教学中提出了自己的看法。该学者指出：核心素养的培养依赖于政策层面的具体阶段性要求，依赖于教师观念的转变和能力的提升，还有赖于在大量的以核心素养培养为导向的听说读写技能实践，从而使得技能教学与核心素养培养相互促进，逐步进行，最后促使学生语言能力得到提高的同时，其思维品质、文化意识、学习能力也得到良好的发展。①

综上所述，自《课程标准》实施起，英语学科教学的重心已经从最初的要求学生掌握英语的基础知识和基本技能，即我们常说的“双基”，发展到了到对学生英语综合语言运用能力的培养，而后又发展到对学生英语学科核心素养的培养。《课程标准》的变化既体现了时代的发展和教育的变革轨迹，又为一线高中英语教师指明了未来高中英语学科教育改革的方向，那么，高中英语学科一线教师该如何适应这种变革呢？

① 杨云，王飞涛．英语学科核心素养视域下的高中英语课堂教学策略研究[M]．重庆：重庆大学出版社，2021.

二、对英语学科核心素养的若干思考

（一）教师要深化对英语学科核心素养的正确认识

《课程标准》之所以提出英语学科核心素养这一概念，正是为了增强国家和民族的核心竞争力，以应对国际化浪潮和知识经济的挑战。《课程标准》提出英语学科核心素养体现了英语学科的育人价值，英语学科核心素养明确了在高中英语学习中学生应当具备的、最关键和最核心的品质和能力，包括语言能力、文化意识、思维品质、学习能力。在新的《课程标准》正式颁布后，高考考试大纲、高考命题以及教材编写都必须以培养学生的英语学科核心素养为目标，以新的《课程标准》为指南。这就要求教师必须深化对英语学科核心素养的正确认识，熟悉英语学科核心素养的内容，厘清英语学科核心素养各个部分之间的关系，自觉学习相关理论，尽快把对英语学科核心素养的认识上升为指导自身日常教学工作的重要理念。

（二）教师要树立全新的英语学科核心素养教学理念

一项对高中英语青年教师专业发展现状的抽样调查发现，当新的一轮教学改革到来时，影响新一轮教学改革成败最关键的因素之一就是教师怎样去落实新一轮教学改革。教师是教学改革落地的执行者和实施者，作为影响教学改革的因素之一，教师的重要性不容置疑。理念总是先于行动，教师的教学理念无疑直接影响着他们参与新一轮教学改革的态度、程度和力度。因此，教师要树立全新的英语学科核心素养教学理念。从专注于英语知识和技能的传授到专注于学生综合运用英语能力的培养，再到专注培养学生的学生英语学科核心素养，在不同的时代，高中英语教学有着不同的目标，这些教学目标的递进和升华反映了教师对英语学科教学逐渐深化的认识，英语学科教学正积极从知识立意向能力立意转变，从仅仅关注单一素养向关注英语学科核心素养转变，从传道解惑向立德树人转变。这些不同时期的教学目标之间有着千丝万缕的联系，更有着质的差异。准确把握这种转变的内涵和实质，树立全新的英语学科核心素养教学理念，可以帮助教师更好地指导自己日常的教学工作。

（三）教师要以英语学科核心素养为基础转变教学方式

英语学科核心素养涵盖了语言能力、文化意识、思维品质、学习能力四大内容，教师仅凭传统教学方式，无法培养出具备英语学科核心素养的合格学生。这就要求教师要以英语学科核心素养为基础转变教学方式，以适应新的教学需求。教师应引导学生通过探究主题意义，以文章为媒介，在参与英语学科教学实践活动的过程中，将知识学习、技能发展、技能实践融为一体。在教学过程中，学生需要通过感知、预测、获取、分析、概括、比较、评价和创新等一系列举措提升自身思维能力，以构建结构化的知识体系。同时，在分析和解决问题的过程中，学生的思维品质得以发展，他们的文化理解能力能够增强，也有利于提升学生的学习能力，进而形成正确的世界观、价值观与人生观。这样的教学方式不仅有利于培养学生的英语学科核心素养，还能为学生的全面发展打下坚实基础。

（四）教师要努力培养学生的高阶思维能力

高阶思维能力是发生在较高认知水平层次上的心智活动或较高层次的认知能力，美国知名教育学家布鲁姆把人的思维过程具体化为由低到高的六个层级：记忆、理解、应用、分析、综合、评价。前面三个层级通常被称为低阶思维，而后面三个层级被称为高阶思维。国家的发展需要大量创新型人才，而创新型人才的创新精神和创新能力则正是源于教育尤其是高中阶段教育对学生的高阶思维能力的持续培养。

教师要努力培养学生的高阶思维能力，在培养学生高阶思维能力方面，不少教师做出了成功的尝试。顾小京通过在日常英语阅读教学中，对学生进行高阶思维能力的培养，极大地提升了学生的英语综合语言运用能力。[①] 吕秋萍在高阶思维能力培养视角下重新设计初中英语教学活动，将完成课程教学内容、实现多维教学目标以及发展学生的高阶思维能力融为一体。[②]

（五）教师要创设有利于培养学生英语学科核心素养的教学环境

教师要创设有利于培养学生英语学科核心素养的教学环境，以培养学生英语学科核心素养为导向的英语学科教学要求教师做到以下四点。

①为培养学生语言能力所需要的大量听说读写实践提供足够的时间和空间，英语教师要敢于把时间还给学生，把空间留给学生。在以培养学生英语学科核心素养为导向的高中英语阅读教学中，教师的角色更多的是引领者和咨询者，教师要放手让学生通过大量有意义的听说读写实践去构建自己的语言能力。

---

① 杨云，王飞涛．英语学科核心素养视域下的高中英语课堂教学策略研究[M]．重庆：重庆大学出版社，2021．

② 同①．

②为培养学生的自主学习能力创设需要学生解决的真实问题，让学生运用所学的英语知识和技能，自主开展学习和探究活动。例如，教师在教授北师大版高中英语必修第一册教科书中第一单元 *Life Choices* 时，可以引导学生通过听、说、读、写等多种方式，参与关于生活方式、压力应对等话题的讨论和探究，从而让学生更好地理解单元主题，帮助学生用英语了解和描述各种生活方式，分析各种生活方式的利弊，思考选择生活方式对一个人人生意义的影响，并结合学习内容，规划自己的生活方式。这样的教学注重培养学生的自主学习能力，通过多种自主学习活动形式，让学生在自主学习中体验语言、获得知识，提升学生在情感、策略等方面的能力。

③为培养学生的思维品质，尤其是培养学生的高阶思维能力精心设计教学过程，努力激发学生分析、评价、创造的热情。这就要求教师要有进一步开发、整合教材的能力。教师应当结合教材本模块的学习目标，以单元为单位精心设计教学过程，巧妙构思问题，让学生在实践中充分参与高阶思维活动，让学生体会到高阶思维活动带来的活力和乐趣。

④为培养学生的文化意识创设紧密联系真实生活和社会实际的教学情境，参观图书馆、博物馆，参与各种社会实践等源于真实生活和社会实际的教学情境更容易引起学生的学习兴趣，增强学生的态度体验，培养学生的情感，更有利于培养学生的英语学科核心素养。

以培养学生英语学科核心素养为导向的高中英语教学是体现高中英语阅读课程价值的必经之路，教师应当以此为契机，不断提升自身专业化水平，深化对英语学科核心素养内涵的认识，树立全新的教学理念，积极主动转变教学方式，注重培养学生的高阶思维能力，并努力创设有利于培养学生英语学科核心素养的教学环境，这样才能真正把培养学生英语学科核心素养落到实处。

三、基于培养学生英语学科核心素养的高中英语阅读教学

（一）目前高中英语阅读教学的问题与思考

从教学理念而言，部分教师在一定程度上受到评价导向的影响，在高中英语阅读教学中表现“重知识，轻技能”“重技能，却缺乏真实阅读”等问题。一些教师单纯把阅读材料视作语言知识的载体，过于注重词汇、语法等语言知识教学，却忽视了引导学生学习语言背后的文化内涵；这些教师往往把英语阅读的过程看成单纯的高中英语阅读技能训练，忽视对阅读材料内容和意义的探究，学生对阅

读材料也必然缺乏深层次的理解。这样的摄入似乎给学生带来了暂时的“饱腹感”，但实则味同嚼蜡，不利于培养学生的英语学科核心素养。

从教学方式而言，一些教师对于高中英语阅读教学的主要关注点仍停留在自己“如何教”而不是学生会“如何学”，缺乏把高中英语阅读教学与主题语境、学生生活经验以及思维品质培养等结合起来的意识。教师自身缺乏对阅读材料的充分挖掘与深度解读，其高中英语阅读教学设计的思维难度停留在语义理解和文章细节查找上，教学过程存在模式化、表层化、碎片化的倾向。日常“略读、扫读、快读、全文阅读”一个不少，“判断正误、填表、回答问题”样样都有，但唯独缺少给学生留足阅读时间，导致学生无法深入理解阅读材料，对阅读材料的主旨或作者的写作意图一知半解，最终导致这些教师的高中英语阅读教学效果不理想。

基于培养学生英语学科核心素养的高中英语阅读教学需要教师改变传统以知识传授和技能培养为主的教学模式，转向以主题为引领、以阅读材料为研读对象、以活动为途径，关注单元整体，深入研读阅读材料，引导学生参与以意义探究、语言学习、综合运用、思维发展、文化交际、解决问题等为主要目的的学习活动，使学生的语言能力、文化意识、思维品质和学习能力实现协调发展。

（二）高中英语阅读单元教学设计

单元是教学过程中的基本单位，具有特定、统一的主题与意义。依据预设的教育目标与教学内容，教师可将其组织成一系列的基础学习模块，这种高中英语阅读单元教学在高中英语阅读教学中发挥着重要的作用。高中英语阅读单元教学设计是其中一个至关重要的环节。它负责细化与落实课程目标，这能够帮助教师深入解析、统筹整合单元内的所有课时教学目标与单元整体教学目标。同时，高中英语阅读单元教学设计也是教师规划其教学内容的详细蓝图，它能够保障教学活动具备有序性与连贯性。

具体来说，高中英语阅读单元教学设计主要包括六大要素：第一，单元教材教学方法；第二，单元教学目标；第三，单元学习活动；第四，单元作业；第五，单元评价；第六，单元教学资源。

通过系统地把握并利用好这六大要素，教师可以确保每一个教学单元的效率及其意义。这不仅能让教师更好地进行教学管理，也可以帮助学生更有效地进行学习。在实施高中英语阅读单元教学的过程中，教师应始终保持专业、客观、正式的态度，确保高中英语阅读单元教学设计的质量与效果。

高中英语阅读单元教学设计所涵盖的六大要素的内容具体如下。

1. 单元教材教学方法

教师在进行单元教材教学方法分析时，需要横向分析单元内部教材内容的分布与关联，同时，纵向分析学期之间教材内容的循环与承接。教师应阅读整个单元的内容，包括阅读课文、辅助材料、练习等，以确定单元的主题和核心概念。根据《课程标准》和学生学习需求，明确学生在每个单元的学习目标，包括明确阅读理解、词汇、语法、批判性思维等方面的学习目标。教师应分析教材中的课文内容，详细阅读每篇课文，理解其主要内容、结构和作者观点，识别课文中的关键信息、重要事实和概念，分析课文的语言特点，如词汇、句式、修辞手法等。教师应识别课文之间的联系，确定课文之间的逻辑关系，如因果关系、对比关系、时间顺序关系等，构建单元的教学主题和教学目标。教师应分析教材结构，理解教材的组织结构，如单元前言、课文顺序、课后练习等，评估教材的布局是否有利于学生理解和学习课文。教师应检查教材提供的辅助材料，如图表、图片、注释等，评估它们对阅读理解课文的贡献，考虑是否需要补充额外的阅读材料或资源，以增强学生的阅读体验。教师应根据教材结构分析的结果，设计一系列教学活动，如预读、细读、讨论、写作等，以帮助学生完成学习目标，确保教学活动与课文内容、学生学习需求和《课程标准》相匹配。

通过以上步骤，教师可以对单元教材进行深入分析，确定针对单元教材的教学方法。这种方法有利于提高学生的英语阅读能力，培养他们的批判性思维和综合分析能力。

2. 单元教学目标

单元教学目标是课程总目标的有机组成部分，它向上承接课程目标，向下统领单元内的课时目标、内容、活动、评价、作业、资源等。就单元教学内容的分析而言，教师应在分析单元教学内容的过程中保持高度的专业性和严谨性，要对与主题密切相关的语言知识、文化知识、语言技能及学习策略进行全面而细致的梳理与概括。教师应以培养学生英语学科核心素养为核心，确立明确的单元教学目标，这不仅是对学生知识掌握程度的要求，更是推动他们全面发展的有力措施。教师应针对学生实际的学习水平和学习需求，精确识别并确定高中英语阅读单元教学设计的重点和难点，以最大限度地提升其教学效果。

教师对单元教学目标的设计应遵循可达成、可操作、可检测的原则，同时为单元教学目标的实际落地和教学效果的可衡量性提供保障。教师对单元教学设计每个课时目标的设定都应当紧密围绕单元教学目标展开，同时，教师应根据教学实际和学生学习需求，在单元教学目标设计中有所侧重，确保单元教学目标具备较高的针对性和实效性。

3.单元学习活动

单元学习活动应围绕本单元课文的主题语境展开，教师在设计单元学习活动时，应基于课文类型，通过设计合理的情境，以合适的方式，培养学生的语言技能与学习策略。有情境、有层次、有评价、有实效的单元学习活动能帮助学生在从单元话题的预热到完成多类型课文学习的过程中，深化对课文主题的认知；让学生基于对每一课文的深入学习，通过读、看、听等多渠道输入，构建新的、基于该主题的英语知识结构。

4.单元作业

单元作业是连接课程、教学和评价的关键环节，教师对单元作业的设计应体现目标导向、整体设计、反馈改进和尊重差异的设计理念。在设计单元作业时，教师需要明确课时定位，注意单元作业目标与《课程标准》、单元教学目标的匹配度，发挥单元作业诊断、巩固与改进的功能。教师设计单元作业时需要关注学生水平差异，细化评价指标，单元作业的结构、内容、要求等应体现分层性和选择性，使学生能有获得感。单元作业形式应丰富多样，教师应尽可能多地设计具备开放性、体验性与合作性的单元作业，丰富学生学习经历，培养学生的思维品质和综合语言运用能力。

5.单元评价

单元评价应侧重对课时作业的过程性评价，辅以单元测验作为教师或同学对学生做出终结性评价的参考，考查学生对本单元内容的全面掌握程度。单元评价应将定量评价与定性评价相结合，评价学生知识与技能的同时，兼顾对学生综合实践能力的评价，以发挥单元评价的激励作用。

6.单元教学资源

单元教学资源不仅可以为学生提供新鲜而又可靠的信息输入，还可以为学生接触真实世界丰富的英语语言形式提供机会，帮助学生积累知识的宽度、培养学生的批判性思维等。因此，教师确定单元教学资源时应选择有教育价值的内容，确保单元教学资源能够服务于单元教学目标，便于教师在平时的教学工作中使用和循环利用单元教学资源。

站在单元的视角，高中英语阅读教学就像是一顿大餐中的主菜，然而，光有主菜还不够，还需要有配菜、酒品等与之搭配，才能构成一桌色、香、味、形俱全的大餐。与之相似，单元内听、说、写、看等单元教学活动与高中英语阅读教学活动应相辅相成，融为一体，才能更好地帮助学生享受在单元主题语境下学习英语的饕餮盛宴。站在单元的视角，教师在进行高中英语阅读单元教学设计、安排单元教学资源时，应先横向和纵向分析教材，系统梳理整个单元各板块的学习内容，基于单元主题语境寻找各板块学习内容之间的关联性。然后，教师要从输入与输出的角度，思考高中英语阅读课时教学目标与单元教学目标之间的关系，确定高中英语阅读课时教学目标。随后，教师需要基于教材中本单元的课文类型，利用单元教学资源设计有情境、有层次、有评价、有实效性的单元课堂教学活动，帮助学生深入理解课文，帮助学生深化对单元教学主题的认知。

单元视角下的高中英语阅读教学，需要教师处理好整体与部分的辩证关系。高中英语阅读单元教学与高中英语阅读课时教学如同整体和部分，教师在设计高中英语阅读课时教学时，既要立足课文，通过安排单元教学资源，激活思维，促进理解，又要立足单元整体，对单元教学资源进行宏观把握，所谓“既要见树木，也要见森林”。教师要根据教材课文这一“食材”，确定合适的高中英语阅读课时教学内容，选择有效的单元教学资源。

[教学案例]

北师大版高中英语选择性必修第二册教科书中第四单元 *Humour* 单元教学设计具体如下。

（1）单元基本信息

单元基本信息见表 3-1-2。

表 3-1-2　单元基本信息表

学科	英语	实施年级	高二	**设计者**	
使用教材	北师大版高中英语选择性必修第二册				
单元名称	第四单元 Humour				
单元主题	人与自我 人与社会（社会服务和人际沟通）				
单元课时	12 课时				

（2）高中英语阅读单元教学的指导思想与理论依据

①大观念

Big Ideas 或 Big Concepts，多被译为大观念或大概念。从学科本质看，大观念是深层次的、有意义的、可迁移的核心观念，能够反映英语学科本质的核心知识、思想和价值。从课程内容看，大观念是联结教学内容的核心概念架构。从过程与方法看，大观念是统摄教与学过程的原则和方法。

②高中英语阅读单元教学的指导思想与理论依据

《课程标准》要求教师在高中英语阅读教学当中摒弃传统的只注重教材内容的讲授，只关注单项的知识点，偏向单篇教学，知识关联整合的情况少的做法；倡导教师更新教育理念，注重高中英语阅读单元教学，关注英语学科核心素养，重视以英语学科大观念为核心，以主题为引领，充分挖掘高中英语阅读单元教学的育人价值，对高中英语阅读单元教学的内容进行重整、重构，使课程内容结构化、情境化，这有助于落实学生英语学科核心素养培养工作。

有学者指出，高中英语阅读单元教学是指教师对教材单元中的课文内容及其主题意义进行整体分析，结合学情分析从单元主题意义、学生语言能力、学生思维品质等角度整合利用具有内在关联性的课文，确定具有多维度内在关联的学习小单元及其单元教学方法，并在此基础上明确具有整体性、递进性和迁移性的单元教学目标，设计具有整合性、关联性和实践性的单元教学活动，以整合性单元教学活动为评价学生单元学习效果的依据，进而在单元整体教学中以教、学、评一体化促进学生英语学科核心素养的融合发展，高中英语阅读单元教学的指导思想与理论依据如图 3-1-2 所示。

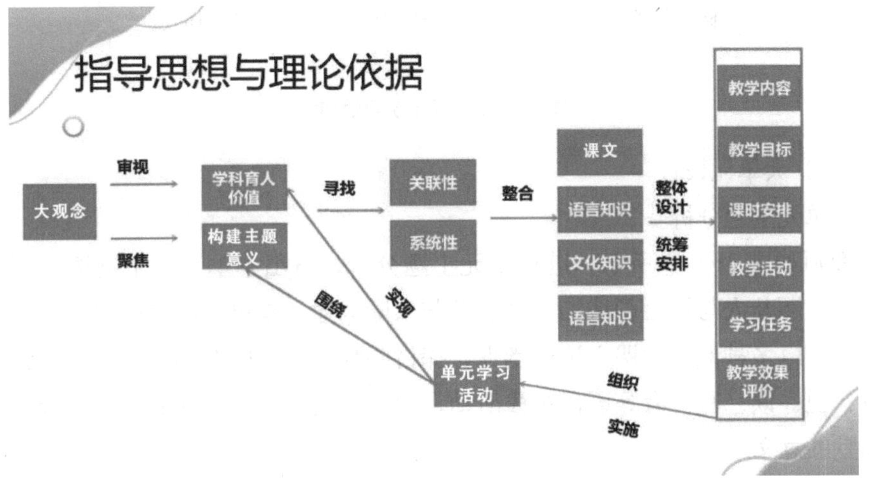

图 3-1-2　高中英语阅读单元教学的指导思想与理论依据

③英语学科核心素养

英语学科核心素养在高中英语阅读单元教学中的核心地位不可忽视，它是英语学科育人价值的集合。英语学科核心素养能够逐步内化为学生正确的价值观、坚实的思想品质和关键的语言能力。在英语学科课堂教学中，教师应将英语学科大观念作为核心，以此为基础构建起稳固的知识体系。这样做不仅能够帮助学生更好地理解和掌握英语学科知识，还能够培养他们的逻辑思维和问题解决能力。同时，教师应当以单元主题为引领，将课程内容与学生的实际生活情境相结合，让学生在真实的情境中学习和运用英语知识，从而培养他们的实践能力和创新精神。

简言之，教师要致力于培养学生的英语学科核心素养，将关注单薄知识点的单元课时教学转化为以主题意义为落脚点的高阶整合教学，这对培养学生的英语学科核心素养和社会人文素养而言意义更大。

④英语学习活动观

英语学习活动观如图 3-1-3 所示。

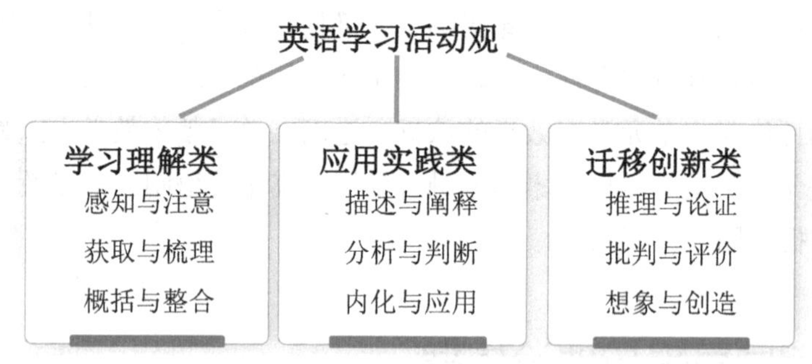

图 3-1-3　英语学习活动观

（3）大单元设计

①单元主题分析

教师如图 3-1-4 所示，进行单元主题分析，得出本单元的主题语境属于人与自我主题及人与社会领域的社会服务与人际沟通。本单元内容围绕幽默这一话题展开，以多种形式的课文传递幽默，探讨幽默在生活中的作用。单元各课时通过听、说、读、写、看等语言实践活动，围绕单元主题从不同的角度引导学生探究幽默的意义。

单元主题分析

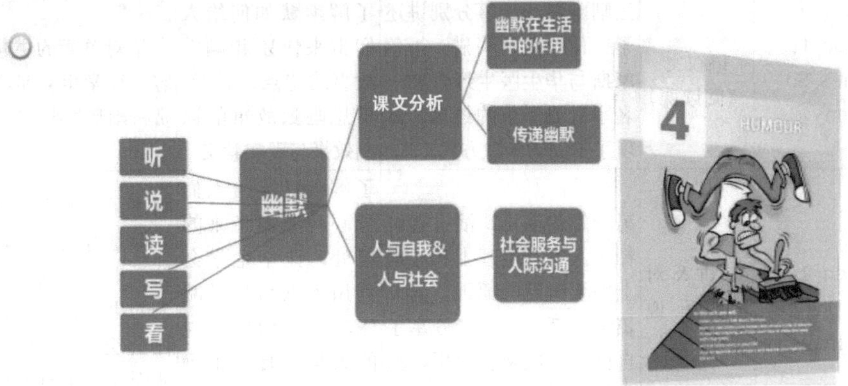

图 3-1-4　单元主题分析

②单元内容整合

第一，原教材内容，如图 3-1-5 所示。

Topic talk
Lesson1: What's so funny?
Lesson2: Why do we need humour?
Lesson3: My favoutite comedian
Writing Workshop: A funny story
Viewing Workshop: An enquiry
Reading Club 1: The little tramp who conquered the world of the comedy
Reading Club 2: British humour

图 3-1-5　原教材内容

第二，单元语篇分析见表 3-1-3，明确语篇的类型、内容、主题和作用。

表 3-1-3　单元语篇分析

语篇	语篇类型	语篇内容	语篇主题	语篇作用
Topic Talk	对话（听说课）	一篇是关于幽默的短对话，内容涉及幽默的形式、幽默的原因和幽默在生活中的重要作用。另一篇是对话者在拳击比赛中的个人趣事，进一步阐述了幽默在人际交往中的重要作用	意识到在生活中人们需要幽默，要学会欣赏幽默，培养学生乐观的生活态度	使学生联系话题相关知识，为本单元后面的课程做好话题、词汇和思维方面的铺垫

续表

语篇	语篇类型	语篇内容	语篇主题	语篇作用
Lesson 1：What's So Funny?	记叙文（阅读课）	三则幽默小故事分别讲述了一位收藏家买猫，福尔摩斯与华生医生野营和一名小丑看医生的经历，体现了不同的幽默方式	了解幽默如何给人们带来快乐和幽默故事的特点，思考、反思幽默故事的讽刺效果与现实意义	介绍对单元的主题内容，让学生初步学会赏析幽默故事
Lesson 2：Why Do We Need Humour?	演讲＆对话（听说课）	第一篇为演讲，演讲者解释了人类在生理上和心理上需要幽默的原因。第二篇为对话，对话者分享了自己在一次聚会中用幽默化解尴尬的经历	了解幽默能给人们身心两方面带来的益处，让学生学会利用幽默给自己减压，培养积极乐观的人生态度，正确面对生活中的困难和挑战	阐述了单元主题背后的深层意义，能够帮助学生认识到幽默在人的生理、心理以及社会交往中的作用，从而让学生对本单元主题有进一步理解
Lesson 3：My Favorite Comedian	记叙文（阅读课）	第一篇介绍了喜剧角色憨豆先生（Mr. Bean）在餐厅用餐时令人忍俊不禁的表演片段。第二个语篇介绍了憨豆先生的扮演者罗温·艾金森（Rowan Atkinson）的生平	思考肢体幽默的特点和喜剧演员取得巨大成就的原因，学习他的优秀品质	对单元主题进行拓展，使学生了解喜剧演员的作品和生平，引导学生思考喜剧演员成功的原因
Writing Workshop：A Funny Story	记叙文（写作课）	呈现一则幽默故事的范文，引导学生关注幽默故事的结构和写作特点	学会用幽默应对冲突，关注幽默故事创作，分享自己的趣事	基于前面的课时内容和语言学习的基础，引导学生尝试描写生活中的趣事，是学生内化单元主题后的输出任务
Viewing Workshop：An Enquiry	对话（视听课）	观看一段幽默对话视频	感受欣赏肢体幽默和语言幽默	引导学生通过视听进一步了解幽默的多元呈现方式
Reading Club 1：The Little Tramp Conquering the World of Comedy	人物传记（阅读课）	介绍了喜剧演员卓别林（Chaplin）的生平和喜剧创作观	了解卓别林的喜剧特点，思考幽默的现实意义	丰富学生的跨文化知识储备，在单元主题意义的引导下拓宽学生的文化视野
Reading Club 2：British Humour	说明文（阅读课）	介绍英式幽默的特点：文化特色、双关语、政治调侃及自嘲	积累幽默背景知识，提升学生的幽默理解能力	

第三，探究语篇关联，提炼单元大观念。

基于以上对本单元语篇的分析，在单元主题意义的引领下，梳理和分析各语篇之间的内在关联，了解单元大观念，如图 3–1–6 所示。

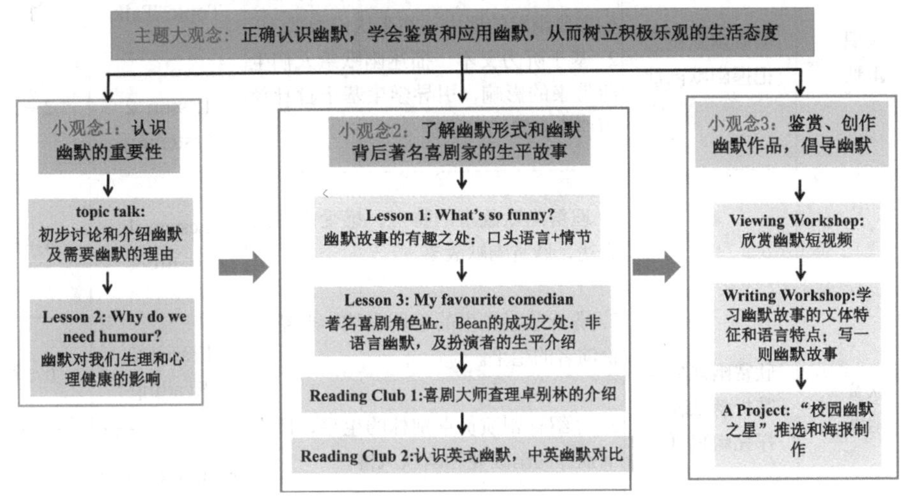

图 3-1-6　单元大观念

主题一（小观念一）：认识幽默的重要性。

主题二（小观念二）：了解幽默形式和幽默背后著名喜剧家的生平故事。

主题三（小观念三）：鉴赏、创作幽默作品，倡导幽默观念。

单元大观念：教师引导学生通过欣赏幽默故事，认识幽默，欣赏幽默，使他们认识到幽默的重要性，加深对幽默文化的理解。教师应通过高中英语阅读单元教学培养学生的幽默感，进而培养学生积极乐观的生活态度。

③基于单元大观念确定单元目标

在教师高中英语阅读教学过程中，规划与设定每个课时目标都应以单元目标为导向。这要求教师必须基于单元大观念确定单元目标。同时，教师还需要依据教学活动的实际情况进行权衡，并对教学侧重点做出相应调整。为确保教学内容的连贯性与深度，教师不能采取偏离主题或过于碎片化的教学方式，因为这样的教学方式不仅不利于学生理解与掌握知识，还会阻碍教师向学生提供清晰的学习方向。因此，在制订每个课时目标时，教师都应牢记其应服务于单元目标的使命，从而有机整合教学内容。

单元目标与课时安排如表 3–1–4 所示。

表 3-1-4 单元目标与课时安排

<table>
<tr><th>单元大观念</th><th colspan="2">单元目标</th><th>语篇</th><th>课时</th></tr>
<tr><td rowspan="2">认识
幽默</td><td rowspan="2">明确幽默概念
把握幽默内涵</td><td rowspan="2">1. 介绍自己喜欢的幽默形式，讨论人们需要幽默的理由，初步认识幽默。
2. 基于听力文本，描述幽默给人们生活带来的影响，引导学生基于自身经历谈论幽默的重要性</td><td>Topic Talk</td><td>1</td></tr>
<tr><td>Lesson 2
Listening</td><td>2～3</td></tr>
<tr><td rowspan="5">欣赏
幽默</td><td rowspan="5">欣赏幽默故事
赏析幽默表演
探究幽默真谛</td><td rowspan="5">1. 理解幽默故事的特点，感受幽默的表达，欣赏幽默故事。
2. 赏析憨豆先生的喜剧表演，介绍其扮演者的生平。
3. 介绍喜剧演员卓别林的生平，评价卓别林的幽默观和幽默风格。
4. 概括英式幽默的特点：文化特色、双关语、政治调侃及自嘲，对比中西幽默的差异</td><td>Lesson 1
Reading</td><td>4～5</td></tr>
<tr><td>Lesson 3
Reading</td><td>6～7</td></tr>
<tr><td>Reading Club
1</td><td>8</td></tr>
<tr><td>Reading Club
2</td><td>9</td></tr>
<tr></tr>
<tr><td rowspan="2">倡导幽默</td><td rowspan="2">创作幽默作品
倡导乐观态度</td><td>观看幽默视频作品，通过分析和理解尝试自己创作幽默喜剧短片</td><td>Viewing
workshop</td><td>10</td></tr>
<tr><td>关注幽默故事的结构和写作特点，创作一则幽默故事</td><td>Writing</td><td>11～12</td></tr>
</table>

④基于英语学科核心素养，确定单元学习内容

本单元教学结束后，学生要完成以下单元学习内容。

第一，通过听、读、看等方式，获取、梳理幽默的主要信息和幽默中传达的意义，发现创作幽默故事的基本方法，归纳概括幽默在生活中的重要作用。(学习理解)

第二，借助本单元所学语言，转述所读幽默故事，并尝试讲述自己身边的幽默趣事。(应用实践)

第三，基于对幽默故事语篇结构、文体特征和语言特点的分析，创作一篇幽默故事。(应用实践)

第四，举例说明幽默的特点，全面、客观地发表对幽默意义和作用的看法。(迁移创新)

（4）关联分析

英语学科核心素养与单元学习内容的关联分析如表 3-1-5 所示。

表 3-1-5　英语学科核心素养与单元学习内容的关联分析

英语学科核心素养			单元学习内容
语言能力	语言知识	词汇	1. 学会使用有关介绍幽默形式及笑点的词汇和语块： comedy，cross talks，humorous，trick，imitate，interact，clever jokes/conservation，play on words 等。 2. 学会描述幽默功能和作用的词汇和语块： relieve，relax，enhance，energised，physical/psychological/two-way/far-reaching effect，have an effect on 等
		语法	1. 学会在语篇中正确地理解和使用过去完成进行时、将来进行时和现在完成进行时。 2. 学会使用 for example，for instance，one example of this 等短语举例阐述自己的观点；学习恰当地使用副词表达意思、描述事物，学会欣赏幽默故事
	语言技能		1. 听懂、获取并梳理有关幽默的信息，理解人们在生活中需要幽默的原因。 2. 通过阅读幽默故事，提炼故事情节发展信息，根据上下文推断语篇的隐含意义，理解幽默故事的深层意义。 3. 通过阅读喜剧角色和人物生平简介，提炼人物基本信息，总结喜剧演员成功的原因。 4. 通过写作练习，学习幽默故事的写作，分享自己身边的幽默趣事
学习能力			1. 通过语篇阅读活动，增强提取、梳理有关幽默故事、喜剧人物主要信息的能力，发展分析文本、深层次理解语篇的能力。 2. 利用听力和表达活动，通过同伴间或小组内的模仿和角色扮演等活动，提升合作学习的能力。 3. 通过视、听、说等多种学习方式，如观看视频后模仿、思考和讨论，提升自身的探究式学习能力
文化意识			1. 通过欣赏幽默故事，理解幽默背后的信息和文化内涵，加深对幽默文化的理解，培养学生的幽默感。 2. 理解幽默对人的益处，学会以积极的生活态度面对未来。 3. 学会感受和欣赏不同文化语境下不同类型的幽默

续表

英语学科核心素养	单元学习内容
思维品质	1. 在英语听力、英语阅读活动中，通过思维导图的形式概括、提炼听力文本和阅读文本的主要信息，培养学生的思维能力。 2. 通过对幽默故事、喜剧角色和演员经历等文本深层意义的理解，培养学生辩证思维的意识。 3. 通过表达对幽默话题的个人见解及个人趣事的分享，鼓励学生联系自我、独立思考，培养学生的批判性思维和创造性思维

（5）开放性的单元学习环境

教师要以学生为中心，通过音频、视频、投影、PPT 展示等方式进行高中英语阅读单元教学，营造开放性的单元学习环境。

（6）单元作业设计

本单元作业设计为完成“校园幽默之星”的推选和海报制作，教师要引导学生学生以小组为单位，设计“校园幽默之星”的海报，引导学生去发现身边富有幽默感的人并以他们为榜样，发现他们身上的闪光点并向他们学习，这有利于培养学生的想象力和创造力，进一步培养学生积极乐观的生活态度。

（7）单元评价活动

单元评价活动如图 3-1-7 所示。

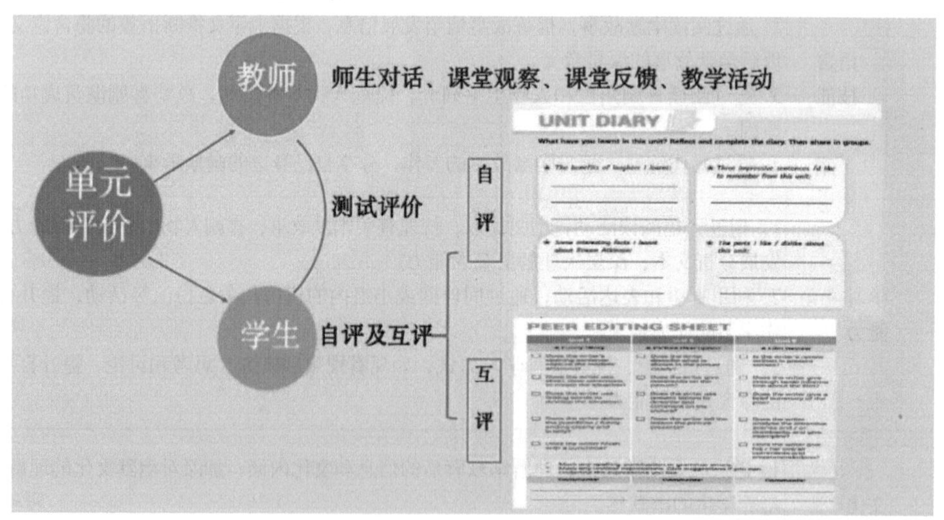

图 3-1-7　单元评价活动

（8）单元主要课时安排（略）

（三）研读语篇的关键要素

语篇是表达意义的语言单位，是高中英语阅读教学的基础资源。语篇作为学生学习英语的基础之一，语篇不仅能够为学生深度学习英语提供明确的主题、生动的情境和丰富的内容，而且还能通过其严谨的逻辑结构、独特的文体风格和精细的语言形式，有效地组织和呈现信息，从而精准表达主题。教师要研读语篇的关键要素、全面理解其主题内涵、挖掘其文化价值，并分析语篇文体和语言的特点及其与主题的内在联系是教师设计高中英语阅读教学策略的关键环节。这一过程对于教师实现培养学生英语学科核心素养的目标具有重要意义，它不仅可以帮助教师明确教学目标、合理选择教学方法，而且能够为教师开展高效、有针对性的高中英语阅读教学活动奠定坚实基础。

就高中英语阅读教学而言，研读语篇就是对语篇的主题、内容、文体结构、语言特点、作者观点等进行深入解读，从而把握高中英语阅读教学的核心内容。教师可以从 What，Why 和 How 这三个问题着手研读语篇。首先，教师要研读语篇的主题和基本内容，即“写了什么（What）”；其次，教师要研读语篇的深层内涵、作者的写作意图、情感态度或价值取向，即“为什么写（Why）”；最后，教师要着力研读语篇的文体特征、语篇结构和语言特点，即“怎样写的（How）”。在对 What 的研读中，教师应明确语篇的主题和主旨、主要观点和重要信息，了解知识之间的逻辑联系以及知识与语言之间的有机关联。在此基础上，创设合理情境，为学生提供必要的知识背景或语言铺垫，设计恰当的高中英语阅读教学活动，引导学生获取信息，构建基于主题的知识结构。在对 Why 的研读中，教师应明确作者的写作意图、情感态度，引导学生基于主题，联系生活实际，进一步理解语篇的内容。一般教师研读议论文时应聚焦主要观点以及事实、数据、举例等论据，教师要了解论点和论据之间的逻辑关系，把握归纳、演绎等常用论证方法。教师研读说明文时应明确其说明目的与说明对象，掌握下定义、类比和对比、过程分析、因果关系等常用说明手法，了解说明文的内容组织往往根据说明对象的性质，按逻辑顺序、空间顺序、时间顺序等进行排列。教师研读记叙文时应了解这种文体常通过记叙某一事件，反映生活，表达作者的情感，其基本要素包含背景（时间、地点、人物）、情节（开端、发展、高潮、结尾）及叙事顺序（顺叙、倒叙、插叙）等。教师研读应用文时应聚焦应用文的写作目的，明确应用文的目标读者，关注应用文的标题以及不同体裁应用文所使用的特定格式、体例和语言特点。

在高中英语阅读教学中，教师要从以前的关注知识提升转为关注语篇的主题意义、深层含义，分析语篇所承载的文化，把语言学习、技能发展融入对语篇主题意义的探究之中。因此，教师在设计高中阅读教学内容的过程中，应抓住语篇的关键要素，梳理内容，关注语篇的文体，分析语篇使用的语言，挖掘语篇的育人价值。教师通过对有效研读语篇，才能引导学生对语篇甚至教材进行深层理解，才会真正影响学生学习体验的程度、情感参与的深度、认知发展的维度及能力提升的效度。

（四）体现六要素整合的英语学习活动观

英语课程内容是教师培养学生英语学科核心素养的基础，英语课程内容包含六个要素：主题语境、语篇类型、语言知识、文化知识、语言技能和学习策略。这六个要素属于一个相互关联的有机整体。

主题语境广泛涉及人与自我、人与社会、人与自然，能够为学生提供丰富的话题和语境；英语课程内容中语篇类型繁多，这些语篇类型为学生学习英语提供了宝贵的素材；语言知识涵盖语音、词汇、语法、语篇等内容，它们是学生培养自身语言能力的基础；文化知识强调学生对中外优秀人文科学知识的理解和吸收，有助于培养学生的跨文化意识，使其坚定文化自信心；语言技能则涵盖听、说、读、看、写等多个方面，可以帮助学生基于语篇有效参与各种英语学习活动；学习策略则涉及元认知、认知、交际和情感等，能够引导学生有效提升其学习效率。

英语学习活动在学生学习英语的过程中扮演着至关重要的角色，这些活动可以为学生提供进行语言理解、培养多元思维、塑造文化品格以及强化学习能力的宝贵机会。英语学习活动观强调学生需要在主题意义的引导下，通过一系列具有综合性、关联性和实践性的英语学习活动，如学习理解、应用实践和迁移创新，来强化对语言知识的理解，锻炼自身阅读技能。另外，学生要基于已有的知识背景，依托不同类型的语篇，在分析和解决问题的过程中，积累语言知识、锻炼语言技能、理解文化内涵、培养多元思维、判断价值取向以及有效运用学习策略。这一过程不仅能帮助学生实现对语言知识的积累与技能的融合提升，而且能强化学生的文化意识，进而培养其思维品质与提升其学习能力。通过这种全面而深入的英语学习活动，学生能够在真实情境中有效应用英语，培养自身的跨文化交际能力，为其未来的学习和发展奠定坚实基础。

《课程标准》把英语学习活动分为三个类型，即学习理解类、应用实践类和迁移创新类，具体如表 3–1–6 所示。

表 3-1-6　英语学习活动的层次

活动层次	活动类型	活动内容	与语篇的关系
第一层次	学习理解类	感知与注意、获取与梳理、概括与整合等	基于语篇
第二层次	应用实践类	描述与阐释、分析与判断、内化与运用等	深入语篇
第三层次	迁移创新类	推理与论证、批判与评价、想象与创造等	超越语篇

教师要通过设计基于语篇主题情境的多层次、有针对性的英语学习活动，引导学生参与对语篇意义和内涵的探究、参与对语篇如何运用语言表达意义的分析，这既涉及语篇的谋篇布局，也涉及对语言的推敲与赏析。

（五）教学评一体化

完整的英语教学活动包括教、学、评三个维度。教是教师把握学生英语学科核心素养的培养方向，通过有效组织和实施课堂内外教与学的活动，能够达成科学育人的目标；学是学生在教师的指导下，通过主动参与各种语言实践活动，将英语学科知识和技能转化为自身的英语学科核心素养；评是教师根据教学目标确定评价内容和评价标准，通过组织和引导学生完成以英语学习评价目标为导向的多种英语学习评价活动，以此监督学生的学习过程，检测教与学的效果，实现以评促学、以评促教。教学评一体化是指教师为实现科学育人的目标，将自身教学目标和学生学习结果与课堂活动、评价任务整合在一起的教学行为，可以确保教学、学习和评价具备一致性。

教师应处理好教、学、评之间的关系，推动教学评一体化。教师应把英语学科核心素养目标化为日常的高中英语阅读教学目标，融入学生的英语学习活动中，使课堂评价活动贯穿高中英语阅读教学的全过程，发现学生学习过程中的问题，及时调整教学方式、内容，为学生提供帮助和反馈，以确保在提升学生语言能力的同时，通过多元思维，逐步使他们形成跨文化意识、积极的生活态度、正确的价值观，进而培养学生的英语学科核心素养。推动教学评一体化有利于引导教师从关注学生的学习结果，转向关注学生的学习过程，更多地思考教师应该教什么、学生学什么以及学生如何学等问题，同时，观察、评价学生学习表现和成效，以提升教学设计的科学性、合理性和逻辑性，从而顺利开展高中英语阅读教学活动，实现高中英语阅读教学目标。

如图 3–1–8 所示，教学评一体化设计与实施的出发点在于明确英语学科的育人价值，也就是教师“为什么教”。教师需要清楚自己应该“教什么”以及学生要“学什么”，通过教师的教和学生的学，达成培养学生英语学科核心素养的目的。教师“怎么教”的过程按照课堂教学的顺序，可被分成课前设计、课中实施和课后延续三个阶段。

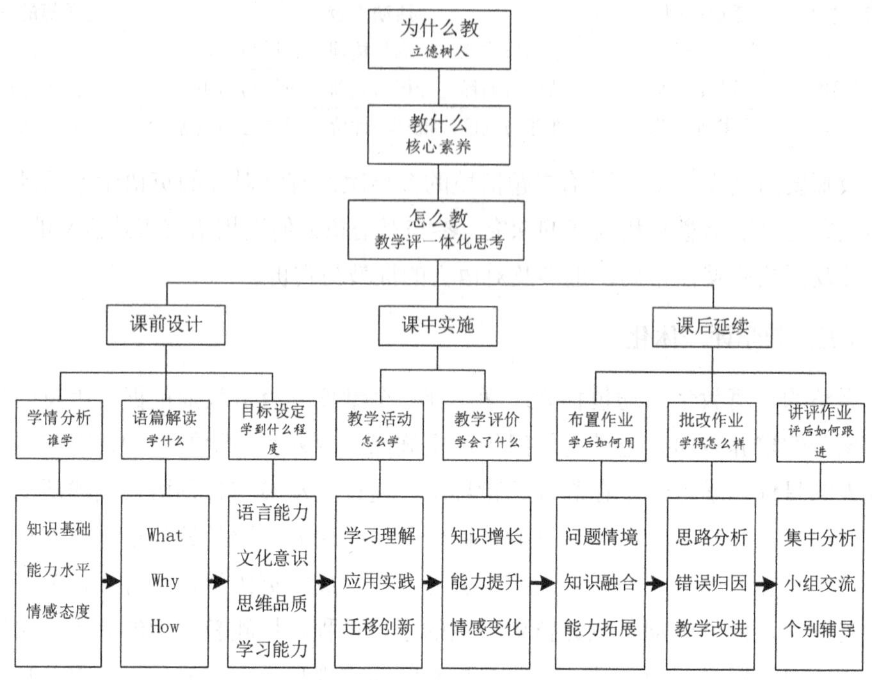

图 3-1-8 教学评一体化设计与实施

在高中英语阅读教学的课前设计阶段，教师应基于《课程标准》，立足学情分析、语篇解读、目标设定，把握教学起点。同时，聚焦主题，研读语篇，关注语篇内容、文体结构、语言特征、写作意图以及育人价值。在此基础上设定教学目标，预设学生在语言能力、文化意识、思维品质及学习能力方面可能达到的水平，也就是学生能“学到什么程度”。紧接着，设计英语学习活动和评价活动，关注高中英语阅读学习活动是否服务于教学目标，是否融语言、思维、文化为一体，是否体现了学生主体地位及其主动探究的过程，以确保英语学习活动具备综合性、关联性与实践性，能够帮助教师实现高中英语阅读教学目标，评估高中英语阅读教学成效。

在高中英语阅读教学的课中实施阶段，教师应根据教学设计，以学生为中心，以解决问题为导向，通过学习理解、应用实践及迁移创新这三类不同层次的英语学习活动，切实有效推进教师“怎么教”与学生“怎么学”，实现既定教学目标。同时，教师可以通过提问、布置学习任务，观察学生的实时反应，评价学生在语言能力、文化意识、思维品质和学习能力上的表现，如评价学生是否理解了语篇的深层含义，是否能基于作者的观点给出自己的观点等，发现学生学习过程中存在的问题，及时给予学生反馈，为学生提供必要的支持，并调整后续教学内容。在开展教学评价时，教师不仅要明确英语学习活动的内容和形式，还应给出具体的教学评价要求和教学评价标准，帮助学生理解教学评价目标，并鼓励他们根据标准开展自评与互评，进而调整自己的学习策略，提高自身学习效率。在学生呈现英语学习活动成果时，教师能适度延时评价，留出空间，鼓励学生开展自评和互评，之后教师再给予学生针对性的评价，明确表扬学生优点，委婉指出学生的不足，以帮助学生通过英语学习活动收获成功与自信。

在高中英语阅读教学的课后延续阶段，教师可通过作业设计即布置作业、批改作业和讲评作业帮助学生巩固课堂所学，积累更多知识，促进学生能力提升。教师的作业设计需要联系学生的生活实际，综合多学科知识，帮助学生解决真实问题。作业设计还需要体现一定的开放性与合作性，要能够培养学生的思维品质，促进学生之间的团队合作与交流。作业形式要尽可能多，对于开放型作业，教师应更多关注答案的合理性与参考价值，保护学生对于此类作业的参与热情，鼓励学生在此类作业中发挥创造性思维。对于批改作业和讲评作业，教师可根据学生的作业完成情况、作业分析结果与作业中问题产生的原因，针对共性问题进行集中分析，针对差异问题组织分组交流，针对个性问题进行个别辅导。教师还可以适时组织作业成果展评，根据评价标准，借助评价工具，引导学生在展示汇报、观察比较、交流讨论的基础上，开展互评，从同学身上找寻自身差距，获得有益启示。

总之，教师将教学评一体化落实于课堂，强调对目标、教学、学习和评价的整合，对提升高中英语阅读教学的有效性，丰富学生的学习体验，培养学生的英语学科核心素养有着重要的现实意义。

第二节　英语学科核心素养视角下的高中英语阅读教学活动的设计

一、读前活动设计

（一）什么是有效的读前活动

读前活动是高中英语阅读教学的第一环节，起着引起学生对教材语篇内容的阅读兴趣，激活学生的背景知识和相关经验，有效地引入主题以及扫除学生主要的语言障碍等重要作用。

良好的开端是成功的一半，有效的读前活动是决定高中英语阅读教学成功与否的重要因素，那么有效的读前活动应该具备哪些特点呢？

1. 目的明确

有效的读前活动应有明确的目的，通常，读前活动的主要目的有创设情境、引起学生的阅读兴趣、激活学生的背景知识、引入主题以及帮助学生扫除主要的语言障碍等。读前活动的设计必须紧扣教学内容，根据单元主题、语篇内容和特点以及教学的需要，充分利用教材资源，紧密结合学生生活实际，要为顺利展开后续的阅读活动做好准备。

2. 符合学情

有效的读前活动要符合学情，要引起学生的阅读兴趣，引导学生走进主题内容，教师必须在课前充分了解学生与单元主题和语篇内容之间的距离，注意在英语学习内容与学生已有的知识和经验之间建立紧密联系，创设尽量真实的情境，力求在最短的时间里以最有效的方式来激活学生的相关背景知识。如有需要，教师还应补充一定的背景知识，以缩短学生与语篇间的距离，降低他们阅读理解的难度。

3. 操作简单

为了留出足够的时间让学生进行真正的阅读活动，读前活动的时间不宜过长，还应操作简单。在日常教学中，教师可根据语篇或学生的实际情况，用最短的时间、最有效的方式来达到读前活动的主要目的。常见的读前活动包括 recalling experiences, picture talk, brainstorming, making predictions, guessing game 等。不管读前活动形式如何，教师都必须合理安排并控制好读前活动的时间。

（二）在读前引起学生的阅读兴趣

在高中英语阅读教学中，除了学生原有的语言知识、背景知识和学生使用不同阅读策略会对高中英语阅读教学造成影响之外，学生的阅读目的、态度、动机等情感因素也会给高中英语阅读教学的效果带来很大的影响。如果学生对阅读内容或阅读任务产生浓厚兴趣，他们就会有强烈的内在动机积极投入阅读活动。

在课堂上，教师如何通过新颖有趣的读前活动，在短短几分钟时间内引起学生的阅读兴趣，使他们不仅有阅读的冲动和欲望，而且还能带着目的去阅读，使学生实现从被动阅读到主动阅读的转变呢?

1. 利用认知冲突，激活学生思维

所谓认知冲突就是一个人的已有知识和经验与其目前面临的情境之间的矛盾或差别，认知冲突会激起学生的思维振荡，使之形成一种强烈的、主动参与探索、渴求获取问题解决办法的心理倾向。在高中英语阅读教学中，教师可以利用问题，特别是能够引起学生认知冲突的问题，引导学生积极思考、主动阅读，并深化学生对语篇的理解。

2. 利用读前预测，引起阅读兴趣

读前预测是一种良好的阅读策略，它能引起学生的阅读兴趣，激活学生的已有知识背景，引导学生从标题、副标题、插图、首行或者首段对语篇进行思考性猜测，这一方面可以帮助他们想起与主题相关的已有知识；另一方面鼓励学生预测他们将要阅读的语篇，设定他们的阅读目的。这些都能为学生下一阶段的阅读活动做好积极的准备，使学生不仅清楚他们将要阅读的主题，更能使学生在阅读过程中不断进行与语篇、与作者间的交流，开展读前预测，构建真实意义，从而使阅读成为一种学生愿意积极、主动参与的活动。

（三）在读前创设情境来帮助学生激活或补充相关背景知识

在读前阶段，教师应围绕主题创设情境，帮助学生激活或补充学生相关背景知识，引出学生在阅读中要解决的问题。在此基础上，以解决问题为目的，鼓励学生从语篇中获得新知识。如果学生对语篇的话题内容及其语言和文化、历史背景根本不熟悉或不了解，他们那么在阅读时就可能遇到障碍。这时就需要教师在读前创设相关情境，来为学生补充必要的语言和文化、历史背景知识，并借助学生之间相互的交流，帮助他们激活或补充相关的背景知识，引起他们对相关话题的阅读欲望，以便帮助学生更好地理解语篇内容。

例如，教师在教授北师大版高中英语必修第一册教科书中第二单元第一课 *Modern Heroes* 时，可以通过以下方法来帮助学生激活或补充相关背景知识：①图片或视频展示：在读前阶段，教师可以使用多媒体工具展示杨利伟和神舟五号的图片或视频片段。这些材料能够直观地展示宇航员的生活和任务，帮助学生建立对太空探索的初步印象。②引导性问题：教师可以提出一些引导性问题，这些问题能够引起学生的思考，促使他们将自己的已有的相关知识与即将学习的内容联系起来。③小组讨论：教师可以组织学生进行小组讨论，让学生分享他们对宇航员和太空探索的看法。这样的讨论不仅能够帮助学生激活或补充相关背景知识，还能够强化他们的交流和合作能力。

通过这些具体的读前活动教学设计，教师能够有效地帮助学生激活或补充相关背景知识，引起他们的学习兴趣，并为他们深入学习语篇内容做好准备。同时，这些活动还能够促进学生的思维能力和交流合作能力的发展。

英语教科书中语篇的内容涵盖了历史、地理、文化、民俗、风情等多方面的知识。如果缺乏对一些相关的背景知识的了解，学生可能就会难以理解和把握语篇的主要内容和思想内涵。所以在高中英语阅读教学的读前阶段，教师应该通过激活或补充相关学生已有的人文知识、科学知识等背景知识，提升学生对教科书中语篇的阅读兴趣，培养学生的英语文化素养。在设计帮助学生激活或补充相关背景知识的活动时，教师必须考虑以下这些问题：学生已掌握了哪些背景知识？学生还需要被激活或补充什么背景知识才能顺利地阅读语篇？教师只有充分地了解学生，从学生的学习需求出发，才能提高他们所设计的读前活动的有效性。

（四）在读前帮助学生扫除语言障碍

教师要在读前帮助学生扫除语言障碍，为学生接下来的阅读做好准备。当然，学生并不需要在读前学习所有在语篇中出现的新词，只有那些对阅读理解形成重大障碍的生词才需要教师引导学生在读前对其进行处理。

二、读中活动设计

（一）什么是有效的读中活动

常见的读中活动主要有梳理文本脉络、整理思维导图和互动质疑等，其目的是教师引导学生通过了解更多语篇细节、深入理解语篇信息点之间的联系、解读作者意图和隐含意义以及赏析语篇表达方式等活动，与语篇持续进行互动。更微观的读中活动有教师引导学生通过语境或构词法对语篇内容做推断、理解句内关系，利用指代或连接词建立句子与意义之间的联系等。读中活动是否有效，直接决定了本节高中英语阅读教学课是否有效，那么有效的读中活动应该具备哪些特点呢？

1. 能够引导学生进行深度阅读

深度阅读是指向思维发展的阅读，是一种注重学习主体即学生思维能力发展和思维品质提升的阅读，深度阅读是学生在不断理解文学书籍意思的基础之上的思考和感悟。有效的读中活动能够引导学生进行深度阅读。例如，在读文学书籍的时候，学生可以通过研究文学书籍的时代背景、语言特性，再结合自己的知识、阅历等，去思考和感悟的内容，发现作者想表达的意义，这就是一个深度阅读的过程。不少教师设计读中活动时，只满足于让学生在语篇中找到教师所设问题的答案。例如，让学生用语篇中找到的信息填写表格。有些时候，学生完全可以凭借解题经验，在不理解语篇内容的情况下完成这些读中活动。即便学生能够准确完成这些读中活动，也不一定能真正理解语篇内容。长此以往，学生的阅读理解能力和思维能力很难得到提高。因此，读中活动必须能够帮助学生进行真正的阅读和思考，学生通过分析、推断、鉴别、评判等思维活动，提升阅读能力，培养具备逻辑性、批判性和创新性的思维能力。

2. 重视培养学生的阅读策略

有效的读中活动要重视培养学生的阅读策略，阅读策略有很多，如激活或补充背景知识，预测内容；关注首尾，把握主旨；分析语篇，梳理结构；利用语境，猜测词义；运用逻辑，推断概括等。掌握有效的阅读策略，有助于提升学生的语言能力和学习能力。在阅读过程中，教师应该根据不同的语篇特点，设计不同的阅读活动，使学生能够运用恰当的阅读策略，提升其阅读能力，并培养学生根据所读语篇及自身需求选择和调整阅读策略的能力。

3. 保证学生有充分的阅读时间

读中阶段是学生阅读语篇内容，思考、解码语篇内容并与语篇和作者互动的过程。正是在这个过程中，学生逐渐形成对语篇的理解。教师不能在高中英语阅读教学中以自身对语篇的理解去代替学生的理解，以教师自身对语篇的分析取代学生的阅读实践。因此，教师必须保证学生有充分的、真正的阅读时间。读中阶段以学生的阅读活动为主，一般会占据高中英语阅读教学第一课时的大部分时间。

（二）阅读活动中读的形式与功能

阅读活动中，读的形式有很多。以是否出声读为标准，读的形式有默读和朗读两大类。默读指的是在阅读过程中，学生用眼睛的移动、注视和回视获取直观信息，并在这获取信息的过程中，进行各种复杂的信息加工活动和思维活动，如辨认、记忆、回忆、联想、分析、综合、推理、预测甚至再创造等。

默读常见的形式包括略读、扫读、精读、品读等。略读主要被学生用来快速捕捉语篇的主旨大意或主要信息；扫读主要被学生用于从阅读媒介（网络、报刊等）中提取自己需要的信息，是一种能够节省时间，效率较高的阅读方法；精读则要求学生仔细地读，目的是要学生理解他们需要的知识，这需要花费一定的时间；一些经典作品或语篇则需要学生细细品读，欣赏其内容精彩之处和语言运用经典之处，感悟经典作品或语篇丰富的内涵和深刻的思想。

教师在设计略读活动时，不必要求学生阅读全文，而是引导学生观察图片、阅读题目、标题、小标题、引言、段落的主题句等，快速把握语篇大意。

在扫读活动中，教师要求学生能较快地抓住所关注的特定信息，如时间人名、地名、数字等。学生可以借助关键词及标题，快速锁定目标信息，切忌从头逐字寻找目标信息。尽管扫读比略读略慢一点，但是他们都属于快速阅读，教师应对扫读提出时间限制，以使学生在较短的时间内锻炼英语语感，体会作者的情感，学生加深英语记忆，锻炼学生的口语表达能力。

有时学生只有在朗读或诵读中才能真正感受到一些名篇佳作的音韵美、节奏美，朗读名篇佳作能使学生体会和享受语言带来的美感。在朗读时，教师要关注学生的语音语调、意群停顿和语言的节奏是否正确。通过朗读，教师还可了解学生对于语篇内容、作者情感的理解程度。

不同的读有着不一样的目的和功能。在设计阅读活动时，教师需要根据教学目标以及学生的身心特点和认知规律，选择合适的方式带领学生读懂语篇，帮助他们提升语言能力，提高他们的文化品位和培养他们的审美情趣。

（三）针对不同类型的语篇设计整体阅读活动

语篇是语言学习的基本单位，教师应该立足语篇层面，在主题引领下进行词汇、语法、阅读、口语、听力等教学，而不是脱离语篇主题语境进行碎片化教学。不同的语篇类型，其语篇结构和语言特点迥然不同，教师要注意针对不同类型的语篇设计整体阅读活动。例如，记叙文一般会按照故事起因、发展、结果的顺序行文，其中穿插对相关的人物、时间、地点等的描写，其语言往往具有口语化的特点；议论文一般由论点、论据和论证三要素构成，语言比较正式、规范；说明文则往往围绕说明对象，按照一定的说明顺序，运用不同的方法展开说明，其语言表达比较客观、准确。

如果学生能把握不同类型语篇的语篇结构和语言特点，就能把握语篇中信息呈现展开的方式和途径以及作者的思路，从而更好地理解不同类型语篇的主题意义。因此，教师应针对不同类型的语篇，确定教学的重点，有针对性地设计相应的整体阅读活动。

1. 记叙文整体阅读活动

教师设计记叙文整体阅读活动时，要引导学生关注记叙文的类型，掌握记叙文的语篇结构和语言特点，挖掘其主题意义。例如，在学习故事类的记叙文语篇时，教师可以指导学生以合作学习或探究学习的方式，绘制五要素思维导图及情节图，深度挖掘该语篇中的人物性格、情节安排、戏剧冲突及主题意义，并从语篇中寻找细节信息支持自己的观点，实现深度学习。

某英语教科书中的 *A Pioneer For All People* 是一篇有关袁隆平的记叙文。分析其语篇内容，可以发现该语篇体裁为介绍人物的记叙文，讲述了袁隆平的生平事迹、成就贡献以及他的高尚品格和远大理想。教师可以设计如下记叙文整体阅读活动：教师可以先指导学生按照下列主线来梳理语篇信息，如语篇中的人物、时间与事件等，并画出思维导图。阅读记叙文后，教师可以让学生根据思维导图，运用记叙文文体的基本结构来介绍农业科学家袁隆平。

该阅读活动可以让学生把记叙文的内容和结构结合在一起，进一步内化所读的信息和语言知识并尝试创作记叙文，从而达到深度理解和巩固相关知识的目的。在学习该类语篇时，教师要指导学生把握记叙文的主线，帮助学生在准确理解语篇的同时，获得与记叙文相关的知识。

2. 说明文整体阅读活动

说明文是一种应用范围非常广泛的文体，它不仅可以说明客观事物的特点和性能，介绍某种操作程序，而且还可以解释抽象概念，阐述科学道理和自然现象。在说明文整体阅读活动中，教师要引导学生把握说明文的宏观结构，也就是作者采用的说明顺序和主要的说明方法。此外，教师还可以引导学生分析说明文的微观结构，如说明文的行文怎样衔接和语言如何连贯等。让学生掌握说明文的语言特点，可以帮助学生进一步理解说明文的结构。教师在指导学生阅读说明文时，需要引导学生去注意衔接和连贯用词，引导学生从深层次明白作者的意图和作者想表达的内容。

3. 议论文整体阅读活动

议论文以议论为核心，主要借助事实和逻辑来支持和论证某种观点。通过学习议论文，学生可以有效提升他们的语言应用能力、逻辑思考能力且有利于培养他们的批判性思维，进而促进他们的英语学科核心素养全面发展。

在进行议论文整体阅读活动时，教师必须让学生抓住论题，也就是作者提出的观点、给出的例证以及作者最后得出的结论。教师只有让学生把握议论文结构，了解议论文脉络，才能帮助他们理解议论文的主要内容，而在进行了初步的语篇结构分析之后，教师也要引导学生去体会议论文的特点，把握作者的写作态度，准确进行推理判断等。

（四）引导学生进行深度阅读，提升学生的思维品质

有学者对深度学习的定义如下。所谓深度学习就是指学生在教师引领下，围绕着具有挑战性的学习主题，全身心积极参与学习、体验成功、获得发展的学习过程。在学术的殿堂里，学生就像探险家，一步步深入探索学科的核心领地。在这一过程中，他们不仅能够汲取知识的精髓，更能够理解学科的发展脉络，掌握学科的本质及其独到的思维方法。这一过程能够增强他们的学习动机，使他们具备高尚的社会情感，进而培养其坚韧的态度和正确的价值观，使他们由此成为既拥有独立见解、批判精神与创新能力，又具备合作精神的人才，这些人才便是未来社会发展中无可替代的时代领航者。深度学习并非教师单向的灌输，而是师生共同演绎的乐章，需要教师作为引导者，带领学生主动投入学习，积极构建英语学科相关知识体系。深度学习更注重学生的教育性发展，能够促使学生不再只为了实现简单的知识积累而学习，而是让他们在学习中实现心灵的成长。

在进行高中英语阅读教学的过程中，教师必须深刻认识到塑造学生的思维品质是其不可推卸的职责。为此，教师需要在设计教学方案时，高度重视问题导向的设计，引导学生进行深度阅读，提升学生的思维品质。在传递知识的过程中，教师需要注重信息的逻辑关系，并巧妙地提出一系列问题，这些问题不仅能锻炼学生的理解能力，更能锻炼他们的应用能力，从分析到评价，层层递进，培养学生的思维品质。除此之外，教师应灵活运用教学策略，引导学生主动参与对语篇内容和形式的讨论与反思中。在这一过程中，学生不仅可以深化对语篇的理解，而且可以锻炼其批判性思维和逻辑推理能力。当面对有争议的话题时，教师需要鼓励学生有理有据地表达个人情感与观点。这种互动式教学方法不仅能够让学生全面理解他们阅读的内容，更有利于培养他们独立思考和勇于表达的能力。

具体而言，为了实现从低阶到高阶的思维品质发展目标，教师还需要注意以下两点：一是教师要持续性地、系统地提出问题，这有利于培养学生的思维品质得以锻炼；二是教师要努力搭建师生之间、生生之间的沟通桥梁，使学生有机会与教师或同学交流思想，并从中受益。这样的教学设计既注重培养学生的逻辑思维能力和独立思考能力，也重视对学生进行情感教育。教师只有引导学生将认知和情感结合起来，才能使学生真正成为学习的主人，才有望达到最佳的教学效果。

（五）正确处理语篇中的语言知识

在高中英语阅读教学过程中，部分教师会感觉难以处理好语篇内容理解和语言知识学习之间的关系。有的教师会在读前全面细致地讲解语篇中全部的生词，但是这样一来，就人为地割裂了词汇与语篇语境之间的联系，忽视了词汇在语篇中的特定含义。有的教师阅读过程中会时不时地停下来讲解在语篇中遇到的语言知识，以至于最后呈现给学生的是支离破碎的知识体系，不利于培养学生的阅读理解能力。有个别教师片面追求学生对语篇的整体理解，忽略对语言知识的学习，同样也影响了学生学习语言的有效性。

因此，在高中英语阅读教学中教师应关注阅读文本的主题意义，正确处理语篇中的语言知识，不宜把语言知识点作为教学的主线而进行碎片化的教学。

1．处理好语篇内容理解和语言知识学习之间的关系

（1）解读语篇，合理确定目标词汇

在高中英语阅读教学中，教师并不需要逐一讲解语篇中的生词，而应根据学生理解语篇的需要与难点来确定要讲解的目标词汇。因此，教师要确定合适的目标词汇，必须仔细分析语篇主题和内容，同时教师还需要兼顾不同类型语篇的特点。

（2）结合情境，有效运用词汇教学策略

在以内容为中心的词汇教学中，教师应结合情境，有效运用词汇教学策略，快速地处理词汇，不对学生阅读语篇造成过多的干扰。因此，教师的词汇教学应关注词汇在语篇中的意义与用法，不必面面俱到。

根据词汇不同特点，教师可制订不同的词汇教学策略。例如，对于语篇中出现的生活中较为常见的词汇（特别是名词），教师以结合语篇运用图片展示法或者让学生通过声音来进行辨识并识记词汇；对于语篇中出现的动词，教师可以运用肢体演示法，让学生用动作表现语篇情境中出现的词用动作表现出来；对于形容词的教学，因形容词意义较为抽象，教师可用联系实际法，将语篇中的词汇含义迁移到实际生活的情境中来向学生解释这些形容词。

2．帮助学生理解语篇中的长难句

在高中英语阅读教学中，教师经常会有这样的困惑：在高中英语阅读课中该怎么处理语篇中的长句、难句？要处理到什么程度？

首先，教师是否需要在高中英语阅读课第一课时处理语篇中所有的长难句？答案显然是否定的。教师需要处理的是那些对学生完成第一课时阅读要求和任务造成障碍的长难句，并不需要在第一课时处理语篇中所有的长难句。其次，教师

该怎么帮助学生理解需要处理的长难句？答案是教师应该引导学生在语篇的语境中理解长难句，而不是在语法层面或仅仅在翻译层面理解语篇中的长难句。

三、读后活动设计

（一）什么是有效的读后活动

读后活动在高中英语阅读课中发挥着拓展延伸的作用，有效的读后活动不仅可以帮助学生深化对阅读文本内容的理解，还能使学生理解信息的有效输出与反馈。通过这一环节，学生可以整合其听说读写能力，也可有效提升他们的综合语言应用能力，这在很大程度上可以帮助学生将语言学习与真实交际情境联系起来。

读后活动的目的是帮助学生输出语言、表达思想、发展思维、迁移创新、深入学习。根据阅读文本的不同特点，读后活动可以有不同的形式。常见的读后活动形式有问题讨论、内容复述、简要报告、角色扮演、采访、人物简介、交流感想、概要写作、仿写、制作海报等。值得注意的是，设计读后活动时，部分教师容易遇到读后活动规模过大、内容过难；读后活动对语言巩固、运用的针对性较低；片面追求读后活动的形式，忽略了读后活动的目的性与有效性等问题。教师要规避类似问题、设计有效时读后活动，就要关注三个相关。

1. 与教学目标相关

高品质的读后活动要与教学目标相关，这样的读后活动可以利用思维和实践的结合，促使学生将个人经验、知识与兴趣融入对语篇的理解中，这可以帮助学生加深对文本的理解、内化语言知识、提高语言运用能力，并最终实现高中英语阅读教学目标。此外，读后活动也能够充当衡量高中英语阅读教学成效的关键标准，其重要性不言而喻。

2. 与文本内容相关

读后活动要与文本内容相关，应专注于学生文本阅读之后的拓展延伸学习，鼓励他们通过思维活动和实践，结合个人经验，运用文本中的内容和语言来解决实际问题，从而帮助他们深化对读中活动内容的理解与认识，可以帮助学生学以致用。因此，读后活动必须与文本内容相关，还要引导学生利用从文本中获得的信息去思考和解决实际问题。

3. 与文本语言相关

为了增强读后活动的有效性，教师在设计读后活动时应该避免只注重读后活动的内容和形式，而忽略学生完成读后活动所需的语言支持。教师设计的读后活动必须与文本语言相关，他们要考虑这个问题：读后活动能让学生充分运用文本中学到的语言知识吗？如果无法做到学以致用，那么无论课堂如何活跃，学生如何积极，读后活动也难以帮助学生在读后活动中整合新旧知识，并在新的语境中运用这些知识。所以，在设计读后活动时，教师应更多地关注读后活动与文本语言的相关度，避免出现因缺乏语言支持而出现学生无话可说或读后活动看似热闹而与文本无关的情况。同时，教师也能通过学生的语言输出，对学生的阅读质量进行检测和评估，并得到对自己教学效果的反馈。

（二）设计读后活动以促进学生对语言知识的应用

根据布卢姆“记忆、理解、应用、分析，评价、创造”的认知过程维度目标分类体系，读后活动可以聚焦读前、读中所涉及语言和文本内容的延伸拓展，也可聚焦主题拓展和模仿表达，还可以聚焦文本重构、思想借鉴、观点形成和创新表达等。教师要通过设计读后活动，促进学生对语言知识的应用。

教师在设计读后活动时，要充分考虑学生已有的语言知识水平，并结合学生的生活经验。这样的设计能使学生切实感到身边有英语，用英语能解决生活中的实际问题，从而对学习英语产生亲切感，增强学生运用英语的意识。教师可以依据阅读文本的内容设计一些关于会话和写作的读后活动，并有意识地引导学生在表达中使用目标词汇，让学生在复习回顾文本内容的同时巩固理解和应用目标词汇。教师可以根据不同类型的阅读文本设计不同形式的读后活动，如教师可以根据故事类文本设计复述、转述、采访等形式的读后活动；教师可以根据小说类文本设计角色扮演、对人物和主题的分析挖掘等形式的读后活动；教师可以根据论述类文本设计辩论、评论等形式的读后活动；教师可以根据应用文文本、设计可用案例分析和研究、制作海报等形式的、能够解决生活中实际问题的读后活动。

第三节　教学评一体化在高中英语阅读教学中的应用

一、高中英语阅读教学评一体化的原则

（一）主体性原则

高中英语阅读课堂教学的主体是教师和学生，教学评一体化要遵循主体性原则。

教师作为教学评价的引导者，负责指导学生进行自主学习，丰富其语言体验；学生既是学习活动的积极参与者，也是自我评估和他人评价等任务的承担者，他们需要在协作交流中提升自身的语言运用能力。此外，形成性评价注重互动，如学生与文本的互动、学生之间的互动、师生之间的互动，这种互动不仅能够促进教学评价的融合，也能为学生提供及时的反馈，从而帮助教师优化其教学策略。

（二）一致性原则

教学评一体化要遵循一致性原则，一致性原则的核心在于目标统一，教、学、评三个维度需保持一致，这是教学目标的基本要求。教学评一体化的一致性原则即教学目标、教、学、评的协同统一，需围绕人的发展这一教学目标展开，检验其是否能有效促进学生的学习、思考、阅读和提升写作能力。

（三）过程性原则

《课程标准》指出，“教学评价应贯穿教学过程的始终”，教学评价必须与教师的教学和学生的学习紧密结合，形成一个有机的整体。教师需要在教学评一体化过程中遵循过程性原则，全面地思考教学内容、学生学习方法和评价方式。尤其重要的是，教师要将焦点放在学生的学习过程上。更精确地说，教师应聚焦于学生获取知识的过程。根据建构主义的教学理念，教师教学的核心应当是学生获取知识的过程，而不仅仅是知识的最终结果。换言之，过程性原则特别强调学生“获取知识的过程”，因为教师的教和评价都需要服务于学生的学习。这一原则体现了教育的基本目标，即帮助学生获取知识，发展他们的思维能力，培养他们的学习兴趣和动力。总之，将教学、学习和评价三者融为一体，能够更好地促进学生的全面发展，提高高中英语阅读教学的质量和效果。教学评一体化的教学理念有助于教师培养学生的创新思维和实践能力，为他们的未来发展打下坚实的基础。

（四）反馈性原则

教学评一体化旨在通过师生间的共同反馈提升高中英语阅读教学效能，教学评一体化还应遵循反馈性原则。反馈在教学评一体化过程中具有双重效果：它有助于教师调整教学计划以满足学生的学习需求，同时也可鼓励学生优化自身的学习方法并调整情绪状态。在反馈评价的过程中，教师需要特别关注以下四点内容：第一，教师要实时监督以确保教学进程按预设目标发展；第二，教师要即时诊断并矫正学生的知识缺陷和认知错误；第三，教师要及时反馈以促进学生自我反思和调整学习策略；第四，教师要适当激励以增强学生的积极情感和学习动力。

二、英语阅读教学评一体化课堂实践

（一）目标设定

学习北师大版高中英语选择性必修第三册教科书中第九单元 *Human Biology* 第二篇课文 *To Clone or Not to Clone*，以此来探究教学评一体化课堂实践。这是一篇议论文，主题是人与社会，全文共 6 个自然段：第 1 段讲述克隆的定义、克隆的两种类型以及自然克隆的历史、克隆的方法与相关例子；第 2～3 段描写克隆羊个案与克隆其他哺乳动物及相关问题的思考，描述科学家克隆灵长类动物取得的巨大突破与其科学意义；第 4～5 段分别阐释公众对克隆灵长类动物的争议：一方面公众肯定克隆在医学上的积极价值，另一方面公众担忧克隆会导致伦理问题；第 6 段预测克隆技术未来发展趋势，提醒人类谨慎使用克隆技术。教师应根据教材要求及教学原则，把教学过程分为阅读、探究、言语三个阶段，设计对应三阶段的教学评一体化目标。

第一阶段目标：学生能够独立阅读文本、边读边动笔批注，所填写的阅读理解答案基本正确。

第二阶段目标：学生能够理解作者的写作意图、发现克隆研究的事实和观点，与同学交流个人观点。

第三阶段目标：学生能够在教师帮助下用一段话概括文本内容，并开展同学互评，与同学分享习作。

（二）教学过程

1. 阅读阶段

（1）导读

教师用莎士比亚（Shakespeare）名言“To be or not to be, that's a question”，让学生关注课文标题“To Clone or Not to Clone”。接着引导学生学习文本相关知识，即通过标题判断文本体裁。有的学生说，课文标题包含 AB 两个选项，属于议论文；还有的学生说，议论的焦点是克隆，教师对学生的答案表示满意。

（2）细读

教师规定学生持续默读 8 分钟，要求学生拿起笔，边读边做记号或查阅生词表，弄明白文本中自己不懂的生词。教师启动持续默读后，在班上来回走动，及时给予个别示意求助的学生指导。

(3) 检测

检测是一种评估方法，其具体表现为教师设计一系列旨在测试学生对文本深入理解的提问。运用这种方法，教师可以让学生完成特定的学习任务表 (学习单)，然后在阅读文本后书面回答这些问题。之后，学生之间会进行讨论和问答，以促进彼此的理解和思考。最终，教师会对学生的答案进行检查和确认，以确保学生能够全面理解文本内容。这样的检测方式可以帮助教师了解学生的学习进度，同时也可促进学生之间的互动和合作学习。

2. 探究阶段

(1) 解读意图

解读意图环节，教师要利用“Why does the author write this article?”之类的问题，引导学生从多个角度解读写作意图。

(2) 探索发现

探索发现环节强调学生在深入研读文本中，挖掘克隆研究的实际案例与公众对克隆技术的多元见解。在这一过程中，教师应指导学生从文本中精确筛选信息，并将核心内容以关键词的形式填入学习单的不同板块，而非直接抄录原句，从而锻炼学生的概括能力与信息提取能力。

(3) 同伴交流

在同伴交流环节，教师需要引导他们开展同伴间的交流。在这个过程中，学生需要相互交换各自的学习单，并相互审阅和提问，以便更好地理解彼此填写信息的依据。接着，教师需要随机选取两名学生，要求他们朗读自己所写的内容，并在此时为他们提供即时的反馈或必要的补充说明。这种教学方法不仅能增强学生之间的沟通与合作，还可帮助学生准确把握课程要点，并深化对相关知识的理解。

3. 言语阶段

(1) 提供支架

教师创设“写我所读”的任务情境，要求学生以“To Clone or Not to Clone”为题，用120词左右概写课文。接着，教师要为学生提供三种语言支架：一是提示学生利用“事实—观点”学习单的关键词语进行概写；二是给出第一个句子“There are two types of cloning: natural cloning and artificial cloning”引导学生进行概写；三是要求学生在习作末尾用一句话概述他们对克隆的个人看法。

（2）概写课文

教师根据任务要求和言语支架，要求学生用10分钟时间各自概写课文，以下是一篇习作。

To clone or not to clone

There are two types of cloning: natural cloning and artificial cloning. Natural cloning has a longer history; it is done by gardeners or identical twins. Artificial cloning is divided into animal cloning and primates cloning. Scientists cloned Dolly in 1996 and then cloned over 20 mammal species. Primate cloning is much harder. Some scientists found a way to successfully clone a monkey in 2018. However, primate cloning has brought disputes. Some people think we can use it to cure various diseases, to get more effective treatments, and to prevent the aging process; others think it will raise the ethical questions: clones may be treated as objects or individuals, viewed as mere copies of originals, and abused for unethical purposes. In my opinion, cloning should be used to help people, but not to harm humans. (123 words)

（3）评价反馈

在评价反馈环节中，学生和教师共同扮演着这一环节的关键角色。学生通过同学互评的方式参与到评价过程中，具体操作是教师要求全班学生依据同学互评表对彼此的习作进行评价，而教师的职责则是在这种同学互评的基础上，随机抽取两篇习作对其进行细致的检查，并针对学生的学习成果给予他们及时的评价和恰当的反馈。这种方式不仅能够促进学生之间相互学习和提高，也可帮助教师准确把握每位学生的学习状况，从而为其提供指导和支持。这种双向的评价机制可以有效提升学生的自我评价能力，同时强化教师对学生学习进度的跟踪和管理。

第四章　英语学科核心素养视角下的高中英语写作教学

本章为英语学科核心素养视角下的高中英语写作教学，主要围绕英语学科核心素养与高中英语写作教学、基于英语学科核心素养培养的高中英语写作教学、英语学科核心素养视角下学生如何写好英语句子的各个成分、英语学科核心素养视角下写作如何谋篇布局这四方面展开。

第一节　英语学科核心素养与高中英语写作教学

一、英语学科核心素养和写作能力

学科核心素养是学科育人价值的集中体现，是学生通过学科学习而逐步形成的正确价值观念、必备品格和关键能力。英语学科核心素养主要包括语言能力、文化意识、思维品质和学习能力。其中，语言能力指学生在社会情境中，以听、说、读、看、写等方式理解和表达意义的能力，以及在学习和使用语言的过程中形成的语言意识和语感。五种语言技能中，听、读、看是理解性技能，说和写是表达性技能。作为英语学科核心素养的基础要素之一，也作为一项重要的表达性技能，写承担着表情达意的重要任务。

《课程标准》中对学生写作技能的要求如表 4-1-1 所示。

表 4-1-1 《课程标准》中对学生写作技能的要求

课程类别	对学生写作技能的要求
必修	①清楚地描述事件的过程； ②使用文字和非文字手段描述个人经历和事物特征； ③在书面表达中借助连接性词语、指示代词、词汇衔接等语言手段在句、段之间建立逻辑关系； ④在书面表达中借助标题、图标、图片、表格、版式等传递信息、表达意义； ⑤根据表达目的选择适当的语篇类型； ⑥根据表达的需要选择合适的词汇和语法结构； ⑦根据表达的需要选择使用正式语或非正式语
选择性必修	①以书面形式描述、概括经历和事实； ②以书面形式传递信息、论证观点、表达情感； ③通过重复、举例和解释等方式表达特定的意思； ④运用语篇衔接手段，提高表达的连贯性； ⑤根据表达意图和受众特点，有意识地选择和运用语言； ⑥根据表达的需要，设计合理的语篇结构； ⑦在书面表达中有目的地利用标题、图标、图表、版式，字体和字号等手段有效地传递信息，表达意义
选修（提高类）	①通过书面方式再现想象的经历和事物； ②以书面形式对观点、事件、经历进行评论； ③通过罗列、举例、对比等方式进行论证； ④借助词语和句式形象地传递自己的情感和思想； ⑤根据需要创作不同类型的语篇； ⑥根据需要使用委婉语、模糊语； ⑦使用衔接手段有效提高语篇的连贯性； ⑧使用特殊词汇、语法进行创造性地表达； ⑨使用图像，图表等非文字资源创造性地表达意义

《课程标准》中对学生高中英语写作学业质量水平的要求如表 4-1-2 所示。

表 4-1-2 《课程标准》中对学生高中英语写作学业质量水平的要求

学业质量水平	质量描述
水平一	①能以书面形式简要描述自己或他人的经历，表达观点并举例说明佐证自己的观点；能用书面形式介绍中外主要节日和中华优秀传统文化；书面表达中所用词汇和语法结构能够表达英语写作想要表达的意思。 ②能运用语篇的衔接手段创作书面语篇、表达意义，体现一定的逻辑关联性；能借助多模态语篇资源提高所创作语篇的表达效果
水平二	①能在书面表达中有条理地描述自己或他人的经历、阐述观点、表达情感态度；能描述事件发生、发展的过程；能描述人或事物的特征、说明概念；能概述所读语篇的主要内容或续写语篇。 ②能在表达过程中有目的地选择词汇和语法结构，确切表达意思，体现英语写作的逻辑关联性；能使用多模态语篇资源，达到特殊的表达效果

续表

学业质量水平	质量描述
水平三	①能通过书面方式再现想象的经历和事物，对事实、观点、经历进行评论；能根据需要创作不同类型的语篇。 ②能使用衔接手段有效提高书面语篇的连贯性；能使用特殊词汇、语法创造性地表达意义

基于《课程标准》，我们不难发现，其对学生英语写作能力的具体要求表明了高中英语写作教学在高中英语教学体系中的核心地位。承担高中英语写作教学职责的教师必须深入理解并遵循要培养学生英语学科核心素养的正确理念，进而把握高中英语写作教学的内在规律。在此基础上，教师应当积极探索和实践有效的高中英语写作教学策略与方法，让学生在扎实的语言基础上，发展具备创新性和实用性的英语写作能力。

英语写作不仅需要学生运用其语言知识，更是其思维能力、文化素养和跨文化交际能力的综合体现。因此，教师进行高中英语写作教学时应当超越传统的、单一的教学模式，转而使用多元化、个性化的教学策略，以适应不同学生的学习需求和兴趣。同时，教师也应当积极利用现代科技手段，如多媒体教学、在线教学等，为学生创造更多丰富多样的学习体验，以增强他们对英语写作的热情和兴趣。

二、指向英语学科核心素养培养的高中英语写作教学

高中英语写作教学是教师培养学生英语学科核心素养的桥梁，教师可以通过安排相关活动实现相关教学目标。同时，教师应将高中英语写作教学和英语学科核心素养培养设定为其教学目标，基于学生个体差异，积极探寻并实践有效的教学策略，力求全面提升学生的英语写作能力与综合能力。

（一）高中英语写作教学对学生语言能力的培养

写作，作为一种书面表达方式，包含多种文体，如记叙文、议论文、说明文等；作为一种交流手段，写作又具有多种功能，按其功能写作可被分为功能性写作（如新闻报道、报告，论文）、私人写作（如家人、朋友之间的书信），公共写作（如通知、海报）等类型。

在英语写作过程中，学生不仅需要运用所学的语言知识（词汇知识、语法知识、语篇知识等）传递信息，表达个人观点、意图和态度以及抒发情感，学生还需要根据不同的写作对象、写作文体功能以及写作要求，选择、运用恰当的语言

与读者进行交流与沟通。毋庸置疑，高中英语写作教学在培养学生语言意识与语感、提升其语言能力方面起到了重要的作用。

（二）高中英语写作教学中学生文化意识的培养

培养学生文化意识的目标是使学生获得文化知识，理解文化内涵，形成正确的价值观，具备一定的跨文化沟通能力和向国际社会传播中华文化的能力。

在英语写作过程中，学生需要意识到来自不同国家、民族的读者有着不同的文化背景、习俗和观念，并能够根据不同的场合、背景运用恰当的语言，得体地传递信息、表达思想和情感，进行跨文化交流。因此，高中英语写作教学是培养和强化学生文化意识、提升其文化素养的重要渠道，也是提高学生综合语言运用能力，为他们将来进行跨文化交流打下扎实基础的重要一环。

（三）高中英语写作教学中学生思维品质的培养

思维品质被定义为涵盖逻辑性、批判性和创新性等多维度的能力。发展这种品质，不仅能提升学生分析和解决问题的能力，还有助于培养其跨文化素养，并引导他们在后续的学习生活中做出正确的价值判断。在教师通过高中英语写作教学培养学生思维品质的过程中，学生应该主动、系统地梳理信息、自主建构新概念、深入分析逻辑关系、客观评判各种思想观点，并有意识地、主动地、创造性地表达其个人观点，从而逐步形成多元、创新的思维模式。

就英语写作过程而言，每一位学生都是英语写作的探索者和创造者。他们需依靠思维去分析复杂的议题，捋顺庞杂的信息流，并在各类观点间做出精准的选择。这个过程不仅仅是一个思考过程，更是展示学生能力的过程。他们需要站在一个更为广阔的视角去揣摩英语写作的目的，去理解读者的期待点，去把握主题的深度与广度。此外，学生需要仔细地构思写作的内容，搭建起文章的骨架和脉络。这不仅需要学生对信息进行排列和组合，更需要学生精心策划写作内容中的知识、观点和思想。同时，他们还需要选择恰当的词汇和句式，通过提炼和打磨语言，让英语写作的语言表达更加清晰、更有条理且合乎逻辑。这不仅需要他们对语言有深刻理解，也需要他们具备语言驾驭能力。对于教师而言，这一过程则是他们指导与辅助学生的关键。教师需要通过教学相长的方式，让学生理解如何使用科学的思维方式进行英语写作，引导他们更好地分析问题、筛选信息、提炼观点，以此协助学生进入深行思考，培养其批判性思维和创造性思维。

总体而言，无论是学生还是教师，都能够在英语写作这一过程中使自身的思维品质得到锻炼。英语写作不仅仅是对文字的组合和排列，更是培养和提升学生和教师思维品质的过程。它要求学生和教师开动脑筋、深入思考、精心构思、巧妙表达，从而让学生和教师的思维更加敏锐、灵活和富有创造力。

（四）高中英语写作教学对学生学习能力的培养

学习能力指学生积极运用和主动调适英语学习策略、拓宽英语学习渠道、努力提升英语学习效率的意识和能力。学习能力较强的学生能够选择恰当的策略与方法，监控、评价、反思和调整自己的学习内容和进程。

学生的语言交际能力是其语言知识和策略能力相互作用的结果。在写作过程中，学生除了要运用适当的认知策略，还需要运用一定的元认知策略来监控、评价、反思和调整自己的英语写作内容和写作进程。因此，高中英语写作教学是培养学生良好的写作习惯和自主学习能力的重要方式。

第二节　基于英语学科核心素养培养的高中英语写作教学

为培养学生的写作技能和英语学科核心素养，教师应树立“写作是一个过程”的观念，并在日常教学中践行这一观念。在教学过程中，教师应积极介入，及时发现并帮助学生解决英语写作中遇到的难题。同时，教师应着重强化学生的读者意识，精心设计英语写作活动，并进行以学生为中心的过程性评价，从而促进学生英语写作技能的发展。

一、高中英语写作教学存在的问题和过程性高中英语写作教学

长期以来，尽管高中英语写作教学受到了教师的关注，但是部分教师的高中英语写作教学“重结果、轻过程”的现象依然存在，纵观现状，高中英语写作教学中主要存在以下三个问题：

一是缺乏针对性的英语写作技能教学，日常教学中，部分教师很少开设专门的英语写作课，即使偶尔进行英语写作指导也往往是笼统地讲授一些写作的套路和“套句”，缺乏有针对性的、具体的写作英语技能教学。不同的文体有不同的写作要求，需要学生运用不同的写作英语技能。例如，在描述性写作中，学生需要学会运用视觉、听觉、嗅觉、触觉等感官细节生动、形象、直观地描写人物、事物和场景等；在记叙文写作中，学生不仅需要知晓记叙文的“六要素”（when, where，who，what，why，how），还需要学会运用对话、设置悬念、制造冲突等写作方法，围绕主题生动叙述并挖掘其深刻含义，借物抒情或托物言志；在议论文写作中，教师不能只是简单、机械地介绍议论文“三段式”结构，而忽略对相关技能的教学。例如，教师应教会学生如何用简明的语言写好含有中心论点的主题句，如何用不同的方法说明和支撑论点等，教师需要根据学生实际情况在课堂中规划和落实对这些写作技能的教学。

二是缺乏对写作的过程性指导，写作是一个过程，从计划构思、拟写草稿，到修改文稿、编辑校订等阶段，学生会在内容组织或语言表达上遇到各种问题，每一个阶段都需要教师的引领和指导。例如，教师要指导学生列出具有逻辑性的写作提纲，引导他们在写出初稿后进行自我修正和改进等。然而，目前一些教师的高中英语写作教学往往是简单的“三部曲”：教师简单布置写作任务、学生直接开始写作、教师批改学生作文，也可能是教师组织学生进行简短的头脑风暴活动后立刻让学生开始写作，鲜有指导他们如何进行整体构思、确定主要内容、理解逻辑关系，进而列出能够表现作文内容提要和整体框架的写作提纲。

三是缺乏有效的评价方式，有效的评价可以鼓励学生写作并对高中英语写作教学产生反拨作用。目前，教师批改作文并进行评分是高中英语写作教学主要的评价手段。教师费时费力地改了一叠又一叠的作文，学生往往只是看一眼分数或看一眼他们不甚理解的教师评语后便将作文束之高阁，这样的评价方式对于提高学生的写作水平而言收效甚微。在高中英语写作教学中，教师应该开展以学生为主体的过程性评价，组织、指导学生通过自评或同学互评发现自己作文中存在的问题并进行改进，逐步帮助学生提升写作能力。

总之，目前一些学生写作能力不甚理想的主要原因就是部分教师的高中英语写作教学“重结果、轻过程”，忽视对写作过程的分析、研究和设计。

以交互理论为基础的过程性高中英语写作教学认为，写作的过程实质上是群体间的交际活动，而不是某一写作者的单独行为。这种交互式的过程性高中英语写作教学的主要目的是让学生能够在过程中体验、发现和创造，并在此过程中把自己的思想情感传递给他人，以实现用书面语言进行人际交往的目的。过程性高中英语写作教学把写作看作一种复杂的、循环往复的且富有创造性的行为，这种方法中强调的过程是需要学生不断地做出选择、进行修改并反复循环这一程序的过程，是需要学生运用策略管理写作的过程，是需要学生探索发现、自主监控、自我反思、自觉调适的一系列行为，是一个相当复杂的心理认知过程和语言交际过程，它所注重的是学生在写作过程中的经历、体验和感悟。

过程性高中英语写作教学主张高中英语写作教学要研究学生在写作过程中应该做什么、怎么做，强调培养学生的写作策略和教师全程指导的重要性。它更关注过程而不是最终的成品即英语作文。它强调好的作文总要经历反复构思、修改等过程，而非一蹴而就的。过程性高中英语写作教学包含一系列的活动：确立目标、构思内容、组织信息、选择语言、拟写草稿、阅读检查和修改编辑。不同的学者对过程性高中英语写作教学的内容有不同的划分，但是过程性高中英语写作教学的内容大致包括以下四个循环往复、交互渗透的阶段。

（一）计划构思阶段

这一阶段教师的主要目标是激活学生的写作思路，帮助他们明确写作主要内容，并围绕写作主题，收集写作素材，进行布局构思。为达到这一目标，教师可设计以下活动。

①讨论：教师可通过问题讨论引起学生对于写作任务、写作目的和内容的思考，引导他们发掘各种可能有用的信息作为他们写作的素材。

②列清单：教师通过列清单引导学生就主题进行写作构思，如让学生用短语或短句列出观点或想要描述的人和事等。

③思维导图：教师以形象的思维导图刺激学生快速联想与作文主题相关的元素，收集与作文主题相关的写作素材。

④自由写作：教师可以让学生围绕作文主题，把他们能想到的内容快速地写下来，且不必过分关注逻辑、措辞、语法、拼写等，以此激活学生思路，帮助学生发掘可用的写作素材。

⑤编写提纲：教师可以引导学生以提纲形式拟定作文的主要内容、整体结构和材料次序。通过编写提纲，学生能够整理思路，布局作文的篇章结构，确定作文的主要内容，下面是两种常用的提纲形式。

一是标题式提纲，标题式提纲是学生用短语作为标题列出作文各部分的内容要点，其特点是文字简洁、耗时不多。使用标题式提纲要求学生标明段落层次，同一层次至少包括两个并列项。

二是句子式提纲，句子式提纲需要学生用完整的句子列出文章各部分的主要内容，这种提纲呈现的内容较具体、明确，各部分之间的关系也较清晰。

编写提纲是学生思考安排作文篇章结构的过程，教师需要通过适时的介入帮助学生学会围绕作文主题选择写作素材，思考提纲各个部分之间的逻辑关系，进而修改完善提纲。

（二）拟写草稿阶段

这一阶段教师的目标是指导学生在计划构思阶段的基础上写出结构完整的初稿，学生要根据所列提纲的结构布局以及所选写作素材，紧扣写作主题，将内容细节组句成文，并运用过渡词语使作文结构连贯。教师可要求学生隔行撰写作文，以便后续添加、改动相关内容。在这一活动中，教师要特别注意以下几点。

①给学生充足的时间让他们安静写作，不要随意打断他们的思路。

②注意观察学生的写作进程，在必要时介入学生的写作过程，确保学生按所列提纲进行写作。

③如学生在语言表达上有困难，教师可以向学生提供学生帮助。

（三）修改初稿阶段

这一阶段教师的目标是指导学生根据要求对写好的初稿进行改进完善，在此阶段，学生需要重读初稿，重点审视初稿的主要内容和组织结构，同时注意选词的正确性和句子的流畅性，对初稿进行修改。教师则要引导学生通过自评、同学互评等途径，利用检查列表来发现初稿中的问题并对这些问题加以修正。

1.制订检查列表

检查列表是一种帮助学生检查、对照和发现初稿中问题的工具，教师可以根据本次写作的文体、主题内容及具体要求，与学生共同讨论和确定修改初稿的标准，并一一列出修改初稿阶段的主要关注点，制订一份检查列表。教师可以采用不同的方法开展这项活动，例如，引导学生通过复习回顾在计划构思阶段和拟写草稿阶段的学习活动，再次明确写作要求；以优秀范文为例，明确写作标准和写作要求；选择具有共性问题的学生初稿为例，使制订的检查列表更贴近实际，更易于学生理解、接受和使用。制订的检查列表过程，也就是教师引导学生再次明确写作要求的过程。

因此，无论教师用哪一种方法，学生的参与都尤为重要，学生参与制订的检查列表对于修改初稿的指导作用也是最大的。

检查列表的内容除了应涵盖初稿主题是否鲜明、初稿组织结构是否合理且符合逻辑、内容是否充实、用词是否恰当等方面，还要体现本次写作的特定要求以及学生初稿中存在的问题，如（描述性文章）是否恰当使用了感官词，（投诉信）表述是否客观，（议论文）论点是否清晰、论据是否充分等。这样的检查列表才能对学生修改初稿有所帮助。

2. 利用检查列表进行修改

教师引导学生修改初稿是高中英语写作教学过程中不可或缺的重要环节，学生通过仔细重读初稿，审视自己在写初稿时心中是否有读者、所写内容是否与原定目标一致、是否体现了写作主题、是否达到了预设读者的期望以及如果初稿没有达到预设读者的期望，初稿的问题在哪里，然后进行自我修正。这样的修改活动不仅有助于加强学生的读者意识、提升其写作能力和写作水平，还能培养学生自我慎思的思辨能力。

在这一活动中，教师要引导学生根据所制订的检查列表，进行对照检查和修改。学生自我修改、同学互改、教师指导修改，这些都是常用的修改初稿方式。同时，教师要根据课堂情况及时组织多渠道的交流反馈，如在学生自我修改的基础上，组织学生进行小组研读、交流与评价，选择学生的修改稿开展班级讨论等。总之，教师在这一阶段要始终以学生为主体，引导学生对自己的初稿进行修正，提升其写作能力。

（四）编辑校订阶段

编辑校订阶段是学生对所写作文进行最后检查、修改、润色及定稿的阶段。学生通过编辑校订作文的修改稿，仔细检查并改正作文中语法结构、单词拼写、标点符号、大小写等方面存在的错误，最后再进行定稿。教师可利用检查列表或同学互改等方式，指导学生完成这一学习任务。

与修改初稿阶段不同，这一阶段学生所使用的检查列表更多地关注其所写作文的语法结构、单词拼写、标点符号、大小写等内容，该阶段的检查列表可以包括下列问题。

① Do all my sentences end with end punctuation?

② Do I use commas after introductory word groups or transitions?

③ Do all my sentences begin with capital letters?

④ Do I spell all the words correctly?

⑤ Do I use correct forms of verbs?

⑥ Do the subjects and verbs of all the sentences agree in number?

在这一阶段，教师还可引导学生在定稿前，对作文的内容及作文的语言表达进行最后的审读，剔除与主题不相干的语句，增强作文语言的精准性，这一步骤可以帮助学生提高写作质量以及养成良好的写作习惯。

二、加强写作过程中的教师介入

根据心理学的观点，写作就是写作者做出一个又一个决定的过程。无论是写私人信件还是学术论文，写作者都需要决定如何开头、如何组织结构、如何结尾、如何取舍信息、如何遣词造句、如何吸引读者等。同时，写作者还需要根据写作目的、文章体裁、读者期待等，学会识别并修改不太恰当的内容。因此，写作是一个复杂的过程，在这一过程中学生必然会面临各种困难和问题。当学生不知如何做出正确决定或已经做出错误决定时，教师需要及时介入，给予学生适时的帮助。

教师介入是指教师在学生写作过程的不同阶段（计划构思、拟写草稿、修改初稿、编辑校订），给予学生适时的引导、帮助他们围绕写作目的、写作主题、写作内容结构、写作语言表达等方面，做出正确的决定。

教师要实施有效介入，关键在于教师要选择介入的内容（What）、时间（When）和方式（How）。

（一）介入内容（What）

教师应该选择介入哪些内容比较合理、有效呢？

首先，教师要根据写作文体的特点确定介入内容。写作有多种文体，如记叙文、议论文、说明文、应用文、描述性文章等。写作文体不同，其写作要求与特点也不同。例如，说明文以解释、说明为主要的表达方式，是对事物科学、客观、清晰的阐释或解说；记叙文是以叙述事件或经历为主要内容，并描述人物思想情感的文体，一般按时间顺序展开其叙述；议论文通常由论点、论据和论证三大要素构成，其特点是以评析、论述的方式表达作者的观点并说服读者。因此，教师要抓住不同文体的特点适时介入。

进行议论文写作时，教师要抓住议论文的主要特点，如论点、论据等。这时教师介入的内容就是引导学生判断作文是否有明确的论点，作文是否有与写作主题相关且充分的论据。如果作文没有论点、论据，教师就需要帮助学生重新整理思路，引导他们提出自己的想法和观点；如果作文有论点但是论据不充分或与写作主题相关性不大，教师就可以组织学生与同学或全班讨论交流，删除与写作主题无关或相关性不大的内容，增补和论点有密切关联的事实、数据、案例或名言也就是论据，并根据论点合理安排论据次序。

其次，教师应选择高水平信息或整体目标进行介入。在写作中，高水平信息或整体目标通常指学生如何表达作文的中心思想，如何组织或重组作文结构等，以帮助学生取得总体上令人满意的写作效果。相反，单词拼写、介词用法或标点符号是否正确一般被称为低水平信息或局部目标。教师介入时应主要关注高水平信息或整体目标而不是低水平信息或局部目标。当教师指导学生选择并决定写作内容和语言时，对高水平信息或整体目标的介入更能有效帮助学生提高其写作水平。

（二）介入时间（When）

教师要选择合适的介入时间，就要考虑介入的频率和介入的时间节点。

显而易见，教师应该在每一节高中英语写作课中都有所介入，其介入频率较高。这样，学生在教师的适时帮助下，可以及时发现和解决写作过程中面对的困难和问题。此外，教师不断对学生进行指导，学生才能真正掌握一些重要的写作技能。

那么，教师应该在什么时间节点介入呢？根据有关研究，教师介入通常发生在学生写作的过程中，也就是当学生已经写了一部分作文或处在构思、修改作文的过程中。只有这时，教师才能发现学生在写作中遇到的真实困难和问题，如主题思想不清楚，作文结构不完整、欠合理等。

这时，学生迫切希望得到帮助和指导，以便让自己的作文“步入正轨”。如果教师在学生完成作文上交后再批改评价，那时“生米已经煮成了熟饭”，对提升学生的写作水平而言可能收效甚微。例如，在学生进行议论文写作时，如果教师发现学生不能开门见山地表达自己的观点，那么教师应在学生刚刚写了一至两段时就介入，因为教师若不及时帮助学生解决这个问题就会影响学生整篇作文的写作。如果教学的重点在于如何写好结尾段，那么教师介入的时间则要放在学生写完全文之后。因此，教师应该对照高中英语写作教学目标、教学重点和对学生写作技能的教学要求，及时发现学生的问题，在他们最需要帮助的时候适时介入。这样，教师的介入便如及时雨，效果显著。

（三）介入方式（How）

教师在学生写作过程中的介入方式包括通过明确的指令语引导学生发现作文中的问题、教授写作知识引导学生做出更好的选择和引导学生积极参与示范展示等进行介入，帮助学生解决问题，提高其写作水平。

1. 通过明确的指令语引导学生发现写作中的问题

当教师在课堂上发现学生写作中的问题时，可以设计教学活动并通过明确的指令语引导学生发现写作中的问题，及时修正这些问题。

2. 通过教授写作知识引导学生做出更好的选择

为了帮助学生解决写作中的困难和问题，教师需要根据高中英语写作教学目标和要求有计划地教授学生必要的写作知识引导学生做出更好的选择，帮助学生循序渐进地学习和掌握他们所需的写作技能。例如，学生需要掌握不同文体的篇章结构和写作特点、过渡词的使用以及主题句的撰写、修辞手法的运用和用词等写作技巧，这需要教师科学规划、逐步推进，通过教授写作知识，帮助学生学会写作，提高学生的写作水平。

3. 引导学生积极参与示范展示

教师的示范展示也是一种有效的介入方式，教师引导学生积极参与示范展示，学生更容易明白教师的意图，理解写作知识从而改进自己的写作方法。教师运用这种介入方式，关键之一是要选好示范展示的样本。样本可以选自学生当堂写作的作文，也可以选自前几届学生的作文。样本应该代表学生的不同基础和水平，可以是学生可以模仿、借鉴的优秀范文，也可以是能够反映学生写作中普遍问题的典例样例。同时，教师要引导学生积极参与示范展示，在思考、讨论、交流的活动过程中理解、体会、领悟教师的指导，舍弃那些含糊不清或毫不相干的词、句甚至段落，让学生在不断肯定和否定的过程中，应用写作技能，培养其思维品质和语言能力。

当然，教师的介入方式不是千篇一律、固定不变的，教师应该根据不同的写作任务、写作阶段、学生基础等，灵活使用合适的介入方式。

三、加强对学生读者意识的培养

读者意识是指写作者在写作时心中要有明确的读者概念。这里的读者可以是真实的阅读对象，也可以是写作者心中预设的假想对象。教师要培养学生的读者意识，也就是要让学生在写作时心中有读者，关注不同读者（如同学、朋友、老师、前辈、上级领导等）的阅读目的以及他们期望从阅读中获得什么，并且思考如何采用恰当的语言、语气和写作方式使读者比较容易理解和接受自己想要表达的思想等。

《课程标准》在对选择性必修课程中对表达性技能的要求中提到：根据表达意图和受众特点，有意识地选择和运用语言。培养学生的读者意识，可以帮助学生进一步明确写作目的，确定写作内容，在写作中选择运用恰当的语言和语气进行得体的表达。

目前，在部分教师的高中英语写作教学中，对学生读者意识的培养仍显不足，这些教师培养的学生往往容易忽略目标读者，导致他们所写的内容不合适或所用语言不得体，不能达到书面表达的真正目的。为此，教师要加强对学生读者意识的培养。

在高中英语写作教学中，为了培养和增强学生的读者意识，教师可以引导学生思考以下问题：①读者是谁、有何期待，也就是明确文章的主旨内容；②为什么写这篇文章，也就是明确写作的目的；③谁在写这篇文章，也就是明确学生作为写作者的身份地位，以选择适当的语言和语气。学生在此基础上写出的作文才能更易为读者所理解和接受。

四、重视教学活动设计

《课程标准》指出：活动是英语学习的基本形式，是学习者学习和尝试运用语言理解与表达意义，培养文化意识，发展多元思维，形成学习能力的主要途径。通过参与教学活动，学生能获得身临其境的体验和感受，更容易掌握语言知识和相关技能，也能增进同学之间的交流。

在高中英语写作教学的课堂里，教学活动是学生学习和实践写作技能、运用语言进行得体表达的主要渠道。教师要重视教学活动设计，教学活动在帮助和引导学生提升写作能力的同时，也能帮助学生增强语言意识，提升其学习能力。有学者认为教师应该把教学活动设计作为高中英语写作教学课堂的重点，要尽可能地通过教学活动向学生传授写作知识，培养学生的写作技能，提高学生的写作水平。

在进行课堂教学设计时，教师要先分析思考学生所得作文的主题语境，学生所写作文的语篇类型和结构，学生写作时所需的语言知识、相关的文化背景知识、写作技能以及方法策略等，在此基础上确定高中英语写作教学的目标和要求，进而设计教学活动。教学活动要由浅入深、层层递进，从学习理解类教学活动过渡到应用实践类教学活动，循序渐进地提升学生的英语写作能力。

教师在设计高中英语写作教学活动时，应明白在教学各个阶段开展的教学活动应服务于其教学目标，即教师所设计的教学活动应有明确的目标指向。教学目标不同，教学侧重点则不同，教学活动形式也不同。

五、实施以学生为主体的过程性评价

学生是教学评价的主体，教师要构建一种以学生为本，旨在促进学生全面、健康、个性化发展的课程评价体系。现有的教学评价机制应当融合形成性评价与终结性评价，以更好地关注学生的学习过程。这一策略意在鼓励教师在实施以学生为主体的过程性评价，引导学生进行自我监控和适时调整学习目标及方式，从而发挥过程性评价在推动学生学习进步方面的积极作用。因此，在高中英语写作教学中，教师应实施以学生为主体的过程性评价，不断提升学生的自我反思能力、写作技能与学习能力。

（一）评价的主体是学生

学生是学习的主体，也是评价的主体。在高中英语写作教学过程中，教师应该指导学生参与讨论和确定写作评价的目标、内容和方式等，使评价符合学生的心智特征以及写作教学目标、要求等，并帮助学生学习使用适当的评价方法和评价工具，开展学生自评、同学互评。这样不仅有利于培养学生自我反思、自我调控和自我修正的能力，还可以促进学生相互交流与合作，以帮助他们实现共同进步。

作为高中英语写作教学过程性评价的主要参与者，学生应参与制订评价标准和评价工具的讨论，参与自我评价或同学间的交流互评活动，在评价过程中发现、分析、修正自身在写作中存在的具体问题。只有这样，学生才能真正把握写作的重点，掌握写作技巧和写作技能，体验和感悟语言的力量，评价才能发挥其应有的促学作用。

（二）评价应贯穿于写作过程的各个阶段

写作是一个在构思、草拟、修改、校订之间不断循环往复的过程，因此以学生为主体的过程性评价不仅仅发生在学生完成写作之后，而应该贯穿于写作过程的各个阶段，也就是说评价应该贯穿计划构思、拟写草稿、修改初稿、编辑校订四个阶段，使评价成为写作过程的有机组成部分和促进各阶段教学的有效途径。在各个教学阶段，评价的着力点应有所不同。在计划构思阶段，学生要完成写作提纲，此时评价内容主要包括写作提纲是否体现了写作目的、读者意识、主旨内容和结构组织等；在拟写草稿阶段，评价的侧重点在于学生是否能根据编写的提纲完成初稿，此外教师还可对学生写作过程中出现的问题加以提示和关注；在修改初稿阶段，评价的重点在于学生所写初稿是否达到了本次写作的要求，通过评价发现初稿中的问题并进行修正；在编辑校订阶段，学生会从语法运用、标点符号、单词拼写、大小写等方面对作文进行修改。

第三节 英语学科核心素养视角下学生如何写好英语句子的各个成分

一、如何写好主语

主语是一个句子中最重要、最核心的部分之一。

（一）名词、代词、数词、名词化的形容词作主语

All efforts will be in vain if we can't learn English by practicing repeatedly.（名词作主语）

如果我们不通过反复练习来学习英语，所有的努力将付诸东流。

名词、代词、数词、名词化的形容词作主语时要注意谓语动词的单复数。

使用高级词汇（except，besides，with，as well as，together with，along with 等）连接主语。（注意谓语动词一般与前面主语保持一致）

The teacher with his students is going to visit the museum.

老师和他的学生们要去参观博物馆。

使用高级量词（quantity，amount 等）修饰主语。（注意谓语动词的单复数形式）

【翻译句子】

募集了大量的善款来帮助那些遭受水灾的人们。

① A large quantity of money has been collected to help those suffering from the floods.

② Large quantities of money have been collected to help those suffering from the floods.

（二）动名词作主语

1. 直接位于句首作主语

In my opinion, cloning should be dealt with carefully.

我认为应该慎重对待克隆。

【句式升级】：动名词作主语可以使句子更加简练、高级。

原句：Our school forbids us students to go out of the campus and we are strongly against it.

句式升级：Forbidding us students to go out of the campus has raised a storm of objections.

【改写句子】

原句：We know of different cultures by learning English.

改写：Learning English gives us an access to an exploration of a variety of cultures.

2. 用 it 作形式主语

为了避免句子头重脚轻，较复杂的动名词短语作主语时，可用 it 作形式主语，把动名词短语置于句末。

常用句型：It+be+ 名词或形容词（good，no good，no use，fun，pleasure，better，wonderful，enjoyable interesting，foolish，difficult，useless）+ 动名词。

It is no good learning without practice.

学而不用无益。

【例句】

就我个人而言，劝他没用，他不会改变主意。

As far as I'm concerned，it's no use persuading him，he won't change his mind.

3. 动名词的复合结构作主语

有时可以在动名词前面加上一个名词或代词的所有格构成动名词的复合结构，在句中作主语。

Their coming to help was a great encouragement to us.

他们来帮忙对我们是一个很大的鼓励。

（三）动词不定式作主语

1. 直接位于句首作主语

To have a positive attitude is wise when we are let down.

当遭遇挫折时，怀有积极的态度是很明智的。

2. 用 it 作形式主语

有时为了避免句子头重脚轻，可以用 it 作形式主语，放在句首，将作主语的不定式放在句末。

常用句型一：It+be+ 形容词（interesting，important，hard，difficult，impossible）for sb. to do sth.“做某事对于某人来说……”

If they adjust their mind a little，it is not hard for them to find that life is just as promising as before.

如果他们稍加调整一下心态，就不难发现生活和以前一样充满阳光。

常用句型二：It+be+ 形容词（good，kind，nice，clever，foolish，right，polite，impolite，rude，brave stupid，silly，selfish...）+of sb. to do sth.“……能够做……真是……”

It' s rude of him not to invite you to attend the party.

没有邀请你参加晚会，他很失礼。

常用句型三：It+be+ 名词（one's responsibility，one's honor，a hardship，a pleasure...）to do sth.“做……是某人的责任、某人的荣幸、一件艰苦的事情、一件快乐的事情……”

It is our responsibility to learn advanced science and technology to build socialism.

学习先进的科学技术来建设社会主义是我们的责任。

常用句型四：It takes（sb.）＋时间（金钱）to do sth.“做某事花费某人多少时间（金钱）。”

It took us a whole day to get to the top of the mountain on foot.

徒步到达山顶花了我们一整天。

3. 疑问词＋动词不定式作主语

还没有决定什么时候动身去上海。

When to leave for Shanghai has not been decided yet.

点睛：动词原形不能作主语，可以用动名词或不定式。动名词作主语表示抽象的、泛指的动作，尤其是一般行为倾向；不定式作主语表示具体的动作。当动名词短语或不定式短语很长时，可以用 it 作形式主语。

① Read as much as possible is necessary.（×）

② Reading as much as possible is necessary.（√）

③ It is necessary to read as much as possible.（√）

（四）从句作主语

从句作主语即主语从句，这种句型属于高级句式，学生要注意在写作过程中把握句子的正确性，主语从句常使用 it 作形式主语。

常用句型一：It+be+ 形容词 / 名词词组 / 过去分词 / 现在分词……+ 主语从句。

It is uncertain whether he can come to Jenny's birthday party or not.

还不能确定他是否会参加詹妮的生日聚会。

常用句型二：It+ 不及物动词 (seem/appear/happen/occur to)+ 主语从句。

It happened that he was out when I got there.

当我到那儿时，碰巧他不在。

【其他例句】

①人们通常认为足够的新鲜空气有助于保持健康。

It is widely believed that plenty of fresh air contributes to good health.

②我突然想起做这项工作不是一个挑战而是一个机遇。

It occurred to me that it was not a challenge but a chance to do such a job.

二、如何写好谓语

谓语动词是句子中最关键、最核心的部分。学生在英语写作中写好谓语动词的关键是要考虑到句子的时态、语态、语气等的变化。

（一）谓语的时态

谓语动词的时态揭示了动作发生的时间及状态存在的方式，这主要体现在动词的特定形式上。

1. 常见文体的时态

时态错误是写作中的常见错误，准确应用时态是学生进行英语写作时的一项基本技能。不同文体会用到不同的主要时态。如记叙文常用一般过去时，说明文常用一般现在时，通知等应用文常用一般将来时。因此，在审题时，学生要先确定题目要求写作何种文体，然后根据题目要求，确定写作所用的主要时态。

2. 写作时常见的时态错误

（1）混用现在完成时和一般过去时

这个外国教授来中国五年了。

① The foreign professor has come to China for five years. (×)

② The foreign professor has been in China for five years. (√)

③ The foreign professor came to China five years ago.（√）

点睛：有些瞬间性动词不能用于现在完成时，如果学生要将动词与表一段时间的状语连用，需要用相应的表示状态的动词。

（2）误用现在进行时代替一般现在时

现在我懂得这一课了。

① I am understanding the lesson now.（×）

② I understand the lesson now.（√）

点睛：一般来说，表示状态而不表示动作过程的动词没有进行时。

（3）误用过去时代替过去完成时

我到电影院时，电影已经放映了十五分钟。

① The film started for fifteen minutes when I got to the cinema.（×）

② The film had been on for fifteen minutes when I got to the cinema.(√)

点睛：当叙述完成过去某一行为早于完成另一行为时，先完成的用过去完成时，后完成的用一般过去时。另外，start 为瞬间动词，不能和一段时间连用。

（4）错用复合句中的时态

如果他邀请我，我就参加他的聚会。

① If he will invite me I'll go to his party.（×）

② If he invites me I'll go to his party.（√）

点睛：如果主句里的谓语动词是一般将来时，那么条件状语从句或时间状语从句里的谓语动词用一般现在时代替一般将来时。

（二）谓语的语气

在英语写作中，学生要学会根据不同的表达需要，使用不同语气的动词，英语句子中谓语动词的语气有三种。

1．直陈语气

直陈语气表示动作或状态是现实的、确定的或符合事实的，常用于陈述句、疑问句和某些感叹句。

He has written quite a number of articles this year.

他今年已写了很多篇文章。

2．祈使语气

祈使语气用于提出请求、命令、建议或劝告等。

Wait outside until you are asked.

请在外面等候，请你进时再进去。

【句式升级】恰当地使用祈使句可以起到加强语气的作用。

原句：We should turn off the electric facilities when we finish our work.

句式升级：Make sure to form the habit of turning off the electric facilities whenever we finish our work.（使用祈使句和 whenever 让语气显得更强烈）

3. 虚拟语气

恰当地使用虚拟语气能够让英语写作锦上添花，在英语写作中常用的虚拟语气句型有四种。

① wish+ 宾语从句。

②虚拟条件句。

③ insist/order/suggest+ 宾语从句。

④ It is required/requested+that 从句。

I wish you were more careful.

但愿你更细心一些。

【句式升级】恰当地使用倒装句，可以使句式显得更加高级。

原句：If I had worked hard at school, my life today would be quite different.

句式升级：Had I worked hard at school, my life today would be quite different.

三、如何写好宾语

宾语是谓语动词动作的对象或承受者，可以是人，也可以是物或事。

（一）名词作宾语

Firstly I collected all the books, newspapers and other things scattered in the rooms.

第一，我收集散落在房间里的所有书、报纸和其他的东西。（名词作动词的宾语）

点睛：必须在不及物动词后面加适当的介词才能再接宾语。

If we interfere with nature, we will have to deal with the consequences.

如果我们打乱自然规律，我们必须承担严重的后果。

（二）非谓语动词短语作宾语

1. 接动名词作宾语的常见动词（短语）

Enjoy，mind，excuse，forgive，practice，imagine suggest，advise，escape，avoid，finish，complete，consider，tolerate，keep on，insist on，give up，succeed in，feel like，have difficulty/trouble/fun/pleasurein prefer to，lead to，look forward to，pay attention to，be close to，be/get used/accustomed to 等。

Meanwhile，I am looking forward to hearing from you as soon as possible.

与此同时，我盼望早日收到你的来信。

2. 接不定式作宾语的常见动词（短语）

plan，decide，expect，intend，promise，wish，hope desire，learn，offer，afford，manage，fail，pretend refuse，prepare，would like/love/prefer to，make up one's mind 等。

（三）从句作宾语

常用句型一：主语 +think/do strongly believe/hold/point outargue/admit/agree/conclude/try to tell us that...

I think that this picture tries to tell us that we should always look into the future with hope and confidence.

我想这幅图是想告诉我们，应该一直满怀希望和信心展望未来。

常用句型二：主语 +be fully convinced that... “完全相信……”

I am fully convinced that the leisure life-style is on the decrease with the progress of modern society.

我完全相信，随着现代社会的进步，悠闲的生活方式正在消失。

常用句型三：Some people take it for granted that... “有些人想当然地 / 理所当然地认为……”

We took it for granted that they would accept the proposal.

我们理所当然地认为他们会接受这项建议。

常用句型四：Nobody/No one can deny that... “没有人能够否认……”

No one can deny that smoking leads to cancer.

没有人能否认吸烟能致癌的事实。

四、如何写好补语

（一）宾语补足语

宾语补足语常用于补充说明宾语是什么、做什么、处于什么状态的成分，其逻辑主语为句子的宾语，英语补足语的常用结构如下：

主语 + 谓语动词 + 宾语 + 宾语补足语。

I think the film well worth seeing as it carries the main idea that justice can always beat evil.（形容词作宾语补足语）

我认为这部电影很值得一看，它表达了正义总是能够战胜邪恶的观点。

点睛：表示独一无二的官衔在作宾语补足语时，应该省掉其冠词。

① We elected him the monitor.（×）

② We elected him monitor.（✓）

③ We elected him our monitor.（✓）

（二）主语补足语

主语补足语是对主语的补充，在英语写作中应用相对较少。

She was elected chairman of Students' Union.（名词短语作主语补足语）

她被选为学生会主席。

（三）with 的复合宾语结构

with 的复合宾语结构是写作的一种高级表达形式，常见的形式如下：

with+ 宾语 + 宾补。

They stayed in the cave, with nothing to eat.（不定式作宾语补足语）

他们待在山洞中，没有东西可吃。

点睛：with 是介词，因此在 with 复合宾语结构中的动词要使用非谓语形式。

As the Internet is becoming more and more popular we have fewer face to face talks with our friends.（as 是连词故其后使用了谓语动词）

With the Internet becoming more and more popular we have fewer face to face talks with our friends.（with 后使用了现在分词短语）

【句式升级】恰当地使用 with 复合宾语结构可以提高句子的档次。

原句：The newly elected president is busy as he has much work to do.

句式升级：With much work to do，the newly elected president is like a cat on a hot brick.（用了 with 复合结构，并使用了谚语，使句子更有文采。）

（四）it 作形式宾语的复合宾语结构

主语 + 谓语 + 形式宾语 it+ 宾语补足语 + 真正宾语（不定式或宾语从句），可以用于这样结构的动词有 feel，find，think，make，consider 等。

I found it pleasant to be with your family.（形容词作宾语补足语）

我发现和你的家人在一起很令人愉快。

点睛：受母语的影响，部分学生在写作过程中容易漏掉这个结构中的形式宾语 it。

他觉得很有必要接受他们的建议。

① He found necessary to follow their advice.（×）

（按照汉语思维此句意义通顺，但是在英语中句子结构错误）

② He found it necessary to follow their advice.（✓）

五、如何写好表语

（一）名词、分词作表语

They are shining pearls that make the city fascinating.（名词作表语）

它们像闪耀的珍珠，使这座城市魅力无穷。

点睛：形容词化的现在分词或过去分词作表语是学生在英语写作中常常犯错误的地方，现在分词或过去分词作表语如表 4-3-1 所示。

表 4-3-1　现在分词或过去分词作表语的举例

来源	作用	例词
现在分词转变成的形容词	表示事物具有的性质或特征，意为“令人……的”	Surprising，puzzling，interesting...
过去分词转变成的形容词	指人所处的状态，意为“感到……的”	excited，surprised，tired，puzzled...

（二）短语作表语

Located in West China，the newly-built city is carefully designed by high standards with broad streets and roads.（过去分词短语作表语）

这个坐落在中国西部、用高标准精心打造的新建城市，有着宽广的道路。

It is beyond our wildest imagination that she has been addicted to books since she was 4 years old, which paves the way for her future writing.（介词短语作表语）

很难想象，她在四岁时就迷上了书籍，这为她未来的写作打下了基础。

点睛：英语中系动词必不可少，学生在英语写作中要注意英汉表达的差异。

原句：Many of the students against the plan.（无谓语）

改写：Many of the students are strongly against the plan.（结构完整，具有修辞意识）

（三）从句作表语

常用句型一：The fact/The trouble/My suggestion/My idea/The advantage is that... “……的事实／麻烦／建议／主意／优势是……”

My suggestion is that you should finance some programmes to make people aware of the serious situation of the finless porpoise and protect them.

我的建议是你们应该资助一些节目使人们知道长江江豚的严重处境并保护他们。

My idea is that we should start making preparations right now.

我的意见是我们马上开始做准备工作。

常用句型二：The question is how/whether/who... “问题是如何／是否……”

The question is whether the film is worth seeing.

问题是这部电影是否值得看。

常用句型三：That is why/because/where/what... “那是为什么……／因为……／在哪里……／所……”

Maybe it' s because we have seldom sat down and exchanged our feelings and thoughts.

那可能是因为我们很少坐下来交流思想感情。

常用句型四：It is/was/seemed/seems as if/as though... “看起来好像……”

It seemed as though she had known Millie for many years. 看起来好像她认识米莉已有好多年了似的。

点睛：① That 引导表语从句时没有意义，只起到连接作用，故一些学生在英语写作中容易漏掉 that。

The advantage of his diet is it contains plenty of vitamin and fibre.(×)

The advantage of his diet is that it contains plenty of vitamin and fibre.(✓)

②名词 reason 作主语时，后面的表语从句表示原因时要用 that 引导，不用 because。

The reason why I was sad was because he didn't understand me.（×）

The reason why I was sad was that he didn't understand me.（✓）

六、如何写好定语

（一）前置定语与后置定语

在英语写作的海洋中，学生有时会遇到定语位置差异的挑战。在汉语中，学生习惯于将定语置于被修饰词之前，而在英语中，定语的位置则常常有所不同。这种差异，容易让学生写出带有汉语痕迹的英语句子，这是他们提升成绩道路上面临的一大阻碍。

1. 前置定语

名词、数词、代词、形容词、单个的分词作定语，一般用在主语或宾语前，这也就是前置定语。

China is a developing country.

中国是发展中国家。

2. 后置定语

短语、句子作定语时一般被放置于中心词的后面；另外，形容词修饰不定代词、副词作定语时也常被放置于中心词的后面，这也就是后置定语。

As we all know, China is a country belonging to the third world.

众所周知，中国是一个属于第三世界的国家。

The men here are always busy working on the farm.

这里的男人总是忙于在田间干活。

点睛：部分学生在使用定语时，常出现双谓语错误。

原句：Professor Li comes from Beijing University will give us a lecture tomorrow.（双谓语错误）

改写 1：Professor Li from Beijing University will give us a lecture tomorrow.

改写 2：Professor Li who is/comes from Beijing University will give us a lecture tomorrow.

（二）从句作定语

当学生在英语写作中运用定语从句时，需要特别留心两点：其一，被关系代词或关系副词所替代的成分，在从句部分不能再次出现，以免整个句子产生重复和冗余；其二，如同简单句一样，定语从句也要求句子结构既规范又完整，每一个成分都有其不可或缺的地位。通过对这两点的把控，学生方能更好地驾驭定语从句，写出地道而准确的定语从句。

1. 定语从句的结构

将句子连成一个含定语从句的复合句，并分析定语从句中的成分得出结果如下。

The foreigner is from Canada. He visited our class yesterday.

改写：The foreigner	who	visited	our class	yesterday	is from Canada
	主语	谓语	宾语	状语	

Mrs Wang is the teacher. Her son was admitted to Beijing University.

改写：Mrs Wang is the teacher	whose	was admitted	to Beijing University	.
	主语	主语	状语	

Our teacher told us such a story. It moved us all to tears.

改写：Our teacher told us such a story	as	moved	us all	to tears	.
	主语	谓语	宾语	状语	

I will never forget the days. We worked in that smal town in those days.

改写：I will never forget the days	we	when	worked	in that small town	in those days	.
	主语	状语	谓语	状语	状语	

常用句型一：由 as 引导的非限制性定语从句。

As we know, books are the source of knowledge.

正如我们所知，书籍是知识的源泉。

常用句型二：由 which 引导的非限制性定语从句。

I have been class monitor since I came to our college which brought me a strong ability of organization.

自从上大学我一直担任班长，这使我有很强的组织能力

Last but not least, my physics teacher is my role model, whose influence on me had a lot to do with my decision.

最后但也是最重要的，物理老师是我的典范，他／她对我的影响与我的决定有很大关系。

2. 定语从句使用时的常见错误

学生能否正确使用关系代词或关系副词是他们能否写好定语从句的关键，学生写定语从句用关系代词还是关系副词，完全取决于他们要强调的词在从句中做什么成分。

① This is the mountain village where I visited last year.（×）

② This is the mountain village which I visited last year.（√）

无论是关系代词还是关系副词，都在定语从句中充当成分，都有替代作用，学生在写作过程中不要忘记去掉被替代部分。

① Is this the bike（that）you bought it yesterday?（×）

② Is this the bike（that）you bought yesterday?（√）

非限制性定语从句是对先行词的一种解释或说明，在英语写作中往往和限制性定语从句混用。

① Beijing is a lively city with a long history where you can see ancient and modern cultures.（×）

② Beijing is a lively city with a long history, where you can see ancient and modern cultures.（√）

【句式升级】恰当地使用定语从句可以提升作文的档次。

原句：Without water man can't live, so it is of great importance.

句式升级：Water, without which man can't live, is of great importance.（句子“瘦身”，使用定语从句后句子更简练）

原句：He made brilliant remarks on the famous film.

句式升级：The remarks that he made on the famous film was brilliant.（句子“高级”要从变中来，使用定语从句突出了 brilliant 和 importance）

七、如何写好状语

（一）形容词、副词作状语

1. 形容词作状语

形容词作状语，一般表示谓语动词发生时主语所处的状态或者表示谓语动词发生的原因。

He stood there, still, except that his lips moved slightly.（表示状况）

他静静地站在那里，只有嘴唇在轻微地抖动。

Hungry, they walked into the restaurant.（表示原因）

由于饥饿，他们走进了一家餐馆。

【句式升级】学生用形容词短语作状语可以让句子由复合句变成高级的简单句。

原句：I was tired and got out of breath when I reached the top of the mountain.

句式升级：Tired and out of breath, I reached the top of the mountain.

2. 副词作状语

副词作状语时，通常是表示时间、地点、频度、程度、方式等。多个状语连用时，学生一般要遵循先单词、后短语，先地点、后时间，先小概念、后大概念的原则。

He went out of the room at a quarter to 23:00 last night and then disappeared into the dark.

他昨夜22点45分从房间里出来，然后消失在黑夜之中。

【句式升级】评注性状语更简练。

原句：It is important that many people in our city have come to realize the importance of helping the disabled.

句式升级：More importantly. many people in our city have come to realize the importance of helping the disabled.

（二）短语作状语

1. 不定式短语作状语

不定式短语作状语，一般在句中只充当目的、原因、结果状语，它的逻辑主语一般是句子的主语。

In face of the disaster, people united to fight against the floods, making every effort together to rescue the trapped people.

在灾难面前，人们团结起来，与洪水斗争，齐心协力营救被困群众。

2. 现在分词和过去分词短语作状语

现在分词和过去分词短语作状语时，它们在句中一般作原因、时间、方式、伴随、结果、让步或条件等状语，作用等同于相应的状语从句。

Located in the west of the city, it gives a vivid picture of the process of how paper is made during Song and Ming dynasties.

它在城西，生动描绘了宋明时期的造纸流程。

Feeling quite sorry for that, I begin to think about what to do to help.

对此事我感到非常抱歉，我开始考虑做什么会对此事有所帮助。

3. 介词短语作状语

By speaking more, writing more, and reading more, you can improve your English before you know them.

通过多读、多写、多说，你会在不知不觉中提高英语水平。

（三）从句作状语的状语从句

在复合句中起状语作用的从句叫状语从句，状语从句按其意义可被分为时间、地点、原因、目的、结果、条件、比较、方式、让步等种类。

常用句型一：No matter at/which/who/where/when/whose+ 从句 + 主句。

But you can imagine no matter how much I tried, couldn't catch up with Dad.

但是你可以设想到，无论我多么努力，我赶不上父亲。

I hope you will make efforts to overcome all kinds of difficulties, no matter how hard it is.

我希望你能努力克服各种困难，别管它们多么艰难。

常用句型二：形容词 / 副词 / 名词 +as/though+ 主语 + 谓语 + 主句。

Young as he is, he knows a lot.

虽然他很小，但他知道得很多。

常用句型三：When/So long as/As long as/Once+ 从句 + 主句。

When he comes, we'll light the candles and sing Happy Birthday together for him.

当他到来时，我们将点起蜡烛一起为他唱生日歌。

As the world is becoming a global village, English is getting more and more important, so mastering English means we can see the world through a new window.

随着世界逐步变成地球村，英语变得越来越重要，因此掌握英语就意味着通过一个新的窗口看世界。

常用句型四：主句 +on condition that+ 从句。

I will go with you on condition that you give me a sum of money.

我和你一起去的条件是你给我一些钱。

【句式升级】恰当地运用高级连词可以提高句子的档次。

原句：You can use my car if you return on time.

句式升级：You can use my car on condition that/as long as you return on time.

常用句型五：By the time+ 从句 + 主句（注意时态的变化）。

By the time you came back, had finished reading this book.

到你回来时，我已经读完了这本书。

八、如何写好插入语

教师让学生掌握插入语这一语言现象，不仅可以帮助他们理解句子、语篇，而且也有助于提高他们书面表达的水平，这是英语作文的一个得分亮点。

（一）常用的插入语

1. 常见的作插入语的形容词、副词

strange, obviously, however, luckily, besides, first, second, especially, surprisingly, additionally 等。

Unluckily, we didn't catch the last bus back to the city.

不幸的是，我们没有赶上回城的末班车。

2. 常见的作插入语的不定式短语

to tell the truth, to begin with, to be honest, to be frank, to make things worse, to sum up 等。

To tell the truth, this is all that have known.

说实话，这是我所知道的一切。

3. 常见的作插入语的现在分词短语

generally/frankly speaking/judging from/by

Judging from appearance, he seems to be a strong man.

从外表来看，他是个强壮的人。

4. 常见的作插入语的介词短语

in a word, in addition, on the other hand, in other words, in one's opinion, for one thing, for another (thing to one's surprise, for example, as a result 等。

To my surprise, he has just won the first place in the match.

让我吃惊的是，他在比赛中赢得了第一名。

5. 常见的作插入语的从句

if you don't mind,if you like,if you please,if necessary,if any,if so 等。

You can, if you please, come to join us in the game.

如果你乐意，可以来加入我们的游戏。

6. 常见的作插入语的固定短语

more importantly, worse still, that is (to say), what's more, as above, all in all, believe it or not, last but not least 等。

All in all, we had a wonderful time on the seaside today.

总之，今天在海边我们玩得很尽兴。

（二）插入语的位置

插入语可放在句首、句中或句末，一般需要学生用逗号或分号将插入语与句子的其他成分隔开。

Believe it or not, I am fond of pop music.

信不信由你，我喜欢流行音乐。

九、如何写好同位语

在英语中，同位语是一种很常见的语言现象，它们能使句子结构显得更加生动活泼。

（一）名词、代词作同位语

To have a house, a car—this is my future plan.

有房有车——这是我的未来计划。

（二）不定式、动名词作同位语

He has a plan to rebuild this old house.

他计划重建这座老房子。

（三）同位语从句

同位语从句通常跟在某些抽象名词（fact，plan，view，idea，belief，opinion，possibility，thought 等）后，用来说明所修饰词的内容，同位语从句常用句型如下：

The cause why...be...

……的原因是……

The fact that is...

……的事实是……

I have a dream that...

我有一个……的梦想

We hold this truth to be self-evident that...

……是不言而喻的事实

Some people hold the opinion that...

一些人持有……的观点

The cause why so many people suffer from cancer is not yet known.

如此多的人都患上癌症的原因还不得而知。

十、如何做好句子成分分析

句子是写作的基本单位，学生只有写好句子才有可能写好作文。英语的句子成分有八种，学生需要做好句子成分分析，并彻底掌握前七种句子成分：主语、谓语动词、表语、宾语、定语、状语、宾语补足语（主语补足语）。

掌握句子成分分析方法是学生学习英语语法的重要一环，它能够为学生后续学习复杂句型打下坚实的基础。在英语学习中，句子的构造遵循着特定的规则，学生一旦掌握了基本句型、常见的句式以及词语之间的习惯搭配，便能够熟练地书写出结构完整、语法正确的句子。这不仅是学生学习英语写作的基础，更是学生提高其英语水平的关键步骤。

教师引导学生深入理解英语句子的构造规律，可以帮助他们更好地应对各种难度的句子。同时，对于那些想要进一步提高英语能力的学生来说，教师引导他们理解并熟练运用这些规则是必不可少的。无论是在英语写作、英语阅读还是英语口语交流中，学生都需要借助这些规则来确保其表达的准确性和流畅性。学生在英语的语法体系中，灵活运用各种句型和恰当搭配词语，不仅能够提高其语言表达能力，还能够使学生的语言更加地道和自然。因此，学生应该在学习的过程中，不断地去实践和运用这些规则，以逐渐提高自身的英语水平。通过持续练习和实践，学生可以更加熟练地掌握英语句子的构造，进而为他们未来的英语学习奠定坚实的基础。

句子成分有主要成分和次要成分，主要成分有主语和谓语；次要成分有表语、宾语、定语、状语、补足语、同位语。

语法是一种可以帮助学生高效准确区分句子内容结构的方法，学生语法知识积累不足的话，处理简单句尚可；遇到复杂句型时，就会晕头转向。所以，学生想要完全理解英语长难句，就必须理解语法中的成分及其作用，这样可以帮助他们将英语长难句与汉语思维对应，从而深入理解英语长难句，句子中各成分作用如图 4-3-1 所示。

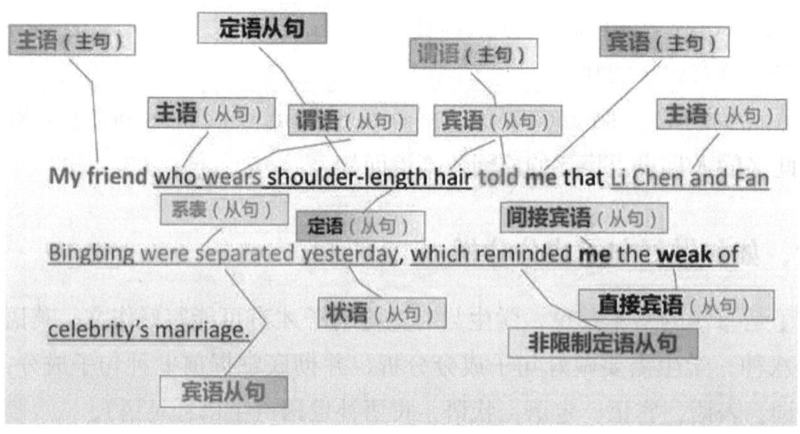

图 4-3-1　句子中各成分作用

第四节　英语学科核心素养视角下写作如何谋篇布局

俗话说得好，好的开头是成功的一半。结尾好，一切都好。如果一篇英语作文的开头写得好，就会给阅卷老师留下良好的印象，吸引他继续读下去；如果这篇英语作文的结尾又写得好，就会进一步强化阅卷老师对这篇作文的好感，从而使阅卷老师给这篇作文打高分。

一、如何写好开头

开头一般来说要做到开门见山，使读者了解作文要谈什么，最好能立刻引起读者的阅读兴趣，下面笔者将介绍几种常见的开头写法。

（一）常见的开头写法

1．背景法

背景法指学生在作文开头就说明事件发生的时间、地点、背景等。

Last Monday，my father said goodbye to my mother and me and went on a business trip.

上周一，我爸爸向妈妈与我告别，因为他要外出做生意。

Last Sunday，my classmates and I went to Zheshan Park.（背景法）

上周日，我和同学们去了赭山公园。

2．主题句法

主题句法即学生在作文开头提出一个观点或论据作为作文要阐明和论述的主题。

Old people play an important role in our country，because they have experience，they are wiser，and they have enough time.

老年人在我们国家起着重要的作用，因为他们经验丰富，聪明智慧，闲暇时间充足。

（主题句法）

3．问题法

问题法即学生在作文开头用提出问题的方法来引出作文的内容，以吸引读者的注意力。

Why do we go to university？ Different people have different opinions.

我们为什么要上大学？不同的人有不同的观点。

Are home visits necessary when there are so many ways to communicate with students' parents?（问题法）

当有那么多方式可以与学生家长沟通时，家访还有必要吗？

4．引语法

引语法即学生摘录或引用某些名人的名言或常见的习语、谚语作为作文的开头。

There is an old English saying, Gain time, gain life Then what is time？ Time is a kind of thing that we can’t see or touch, but we can feel it pass by.

有一个古老的英语谚语“赢得时间，就赢得生命”。那么，时间是什么呢？时间是一种看不见、摸不着的东西，但是我们能感觉到它的流逝。

As the saying goes, Time is money. Yes, it’s indeed the case.（引语法）

正如谚语所说的那样“时间就是金钱”，是的，情况确实就是这样。

5. 定义法

定义法就是学生在作文开头对标题或写作主题下定义，然后通过举例、逻辑推理等方法对这个定义加以说明。

A good student is one who possesses good morality, sound health perfect knowledge and various abilities.

一个好学生要拥有良好的品德、健全的身体、完美的知识和各种各样的能力。

A pet is an animal kept by a person as a companion.（定义法）

宠物是人们饲养并将其视为伙伴的动物。

6. 数据法

数据法即学生在作文开头引用已经证实的某些统计数字来引起后续话题。

The fact that less than 5% of the British population graduate from universities may seem surprising, especially compared with the American percentage of over 30%.

英国人口中大学毕业生所占的比例不足 5% 的事实看上去很令人吃惊，尤其是和美国的超过 30% 的比率相比。

A recent study shows that 50% of the school kids don’t have breakfast.（数据法）

最近的研究表明，有 50% 的学生不吃早饭。

7. 实例法

实例法即学生在作文开头通过一个实例或现象引出后续话题。

Nowadays, people in many big cities are complaining about heavy traffic. It has seriously influenced people’s daily life and economic development.

现今，许多大城市的人们都在抱怨交通拥堵，它严重地影响了人们的日常生活和经济发展。

How to deal with waste is a big problem for our city now.（实例法）
目前，怎样处理垃圾是我们城市面临的一大问题。

（二）常见的开头方式

As far as...is concerned 对……而言，就……而论
As far as we know 据我们所知
As everybody knows/As is known to all 众所周知
As the proverb says 正如谚语所说
As the saying goes 俗话说
As has been already discussed 正如已经讨论过的
As has been mentioned above 如上所述
However, the difficulty lies in... 然而，问题在于……
I am greatly convinced that 我深信……
It is estimated/predicted that 据估计……
It is believed/thought that 人们认为……
It is said that 据说……
It is reported that 据报道……
It must be emphasized that 必须强调的是……
It can be said with certainty that 可以肯定地说……
It can't be denied that 不可否认的是……
It goes without saying that 不言而喻／不用说……
No one can deny that 谁也不可否认的是……
Now that we know that 既然我们知道……
There is no denying the fact that 不可否认的是……
There is no doubt that 毫无疑问……
To begin with 首先
To tell the truth 老实说
We must recognize the fact that 我们必须承认……
What calls for special attention is that 需要引起特别注意的是……
What we believe is that 我们相信的是……
When it comes... 当提到……
With the development of 随着……的发展

二、如何写好正文

作文的正文是文章的主体部分，它能够详细阐述作文的主题思想，其篇幅相对较长，每段都包含明确的主题句。为了充实和扩展作文的主题思想，学生在构造主题句时，可以灵活运用实例、数据或个人经验。在处理不同段落时，学生要依据具体需要采用不同的段落展开方法，保障论证的多样性和丰富性。

段落展开的基本方法很多，这里笔者简要介绍两种常用的展开方法：列举法、例证法。

（一）列举法

采用列举法学生可以呈现一系列的原因、方法等，从而使作文内容结构清晰，条理分明，给读者留下良好的印象。特别是在考试阅卷中，当阅卷老师处于疲劳状态时，往往会给予这样组织得当的作文更高的分数。因此，合理运用列举法，可以帮助学生提升作文的整体效果，可增加其获得高分的可能性。

列举法可以帮助学生在作文中说明原因，论述事理。下面这篇作文讲的是“汉堡受欢迎的原因”，第一段提出问题“为什么汉堡如此受欢迎呢？”接下来在说明汉堡受欢迎的原因时，学生用到了上面的列举法，只不过学生没有使用“first, second, finally”而是使用了“first, then, besides that”，让人感觉不落俗套，例文如下：

The hamburger is the most popular food item in the United States. Every year Americans consume billions of them. They are sold in expensive restaurants and in humble diners. They are cooked at home on the kitchen stove or over a barbecue grill in the backyard. Why are they so popular? First, a hamburger is extremely easy to prepare. It is nothing more than a piece of ground beef, cooked for a few minutes. Then it is placed in a sliced bun. Nothing could be simpler. Even an unskilled cook can turn out hundreds of them in an hour. Besides that, the simple hamburger can be varied in many ways. You can melt some cheese on top of the beef to create a cheeseburger.

（二）例证法

运用例证法让学生可以通过书写具体的实例来支持其论点，这是一种常见且有效的策略。这种方法要求学生选择那些最能体现论点的案例，并且确保所举案例尽可能详细具体，这样可以增强论点的说服力。微观的细节能够让读者更加信服，因为它们能够给读者提供直接证据，使得论点更加坚实可信。

三、如何写好结尾

结尾有概括全文内容、进一步强调或肯定文章的中心思想、升华主题的作用，结尾主要有以下几种写法。

（一）常见的结尾写法

1.照应开头

Everyone enjoys beautiful things. And seeing sunrise may be one of the most unusual experiences in our life.

每个人都喜欢美好的事物，看日出也许是我们人生中最不平凡的经历中的一次了。

Different ways of traveling can make people happy, but I like traveling by train most.（照应开头）

不同的旅行方式都能让人们愉快，但我还是最喜欢乘火车旅行。

2.复述中心

We must protect the water as well as find ways to reuse it. If not, the last drop of water will be a teardrop.

我们必须保护水源，寻找再利用水的方法，如果不这样做，最后一滴水将是人类的一滴泪水。

Love is giving and love is paying attention to others. I will do my best to give all my love to others.（复述中心）

爱是给予，爱是关注他人，我将尽力把我所有的爱奉献给他人。

3.总结式

In a word, a friend in need is a friend indeed. May all of us treasure friendship.

总之，患难之交才是真正的朋友，愿我们所有人珍视友谊。

From this experience, I learned that being careful is very important and that we can, be too careful, especially in examinations.（总结式）

从这次经历中，我了解到细心非常重要，尤其在考试时，我们怎样细心都不为过。

4. 引用式

As the saying goes, every coin has two sides.

常言道，任何事情都有两面性。

Anyhow, different cultures, different customs. If you 'Do as the Romans do when in Rome', you will enjoy more of your stay here.（引用式）

不管怎样，有不同的文化，就有不同的习俗，如果你能“入乡随俗”，就会更好地享受这里的生活。

5. 希望式

The Internet is now very important to me because it not only gives me a lot of fun but also it is very useful. I like it and hope you will like it too.

现在网络对我来说非常重要，因为它给我带来很多乐趣，而且非常有用，我喜欢它，希望你也喜欢它。

As a student, I am strongly for the activity because it is very meaningful and helpful. I hope that this kind of activity will continue in the future.（希望式）

作为一名学生，我非常支持这项活动，因为它很有意义，对学生很有帮助，我希望此类活动在将来能继续开展下去。

6. 问题式

Will you join us in the next century？ How romantic and fantastic it will be!

你愿意在下个世纪加入我们吗？那将是多么浪漫和奇妙啊！

How about finding a companion to be with us？ So, we can help each other and be happy during the trip.（问题式）

找一个伙伴和我们一起去如何？这样我们可以互相帮助并且在旅途中保持愉快。

（二）常见结尾方式

All in all 总的来说

As a consequence/result 结果

From this point of view 就此而论

If we can do as mentioned above. there can be no doubt that 如果我们能做到如上所述，毫无疑问……

In a word/in brief/in conclusion/in general/in short/in summary 总之、简言之

In this way, I believe that... 如此，我相信……

Last but not least 最后但同等重要的

On the whole 总的来看

Only with combined efforts can we... 唯有通力合作我们才……

Therefore, we have the reason to believe that... 因此，我们有理由相信……

To sum up 概括地说

We can therefore come to the conclusion that...

因此，我们可以得出如下结论……

We therefore can make it clear from the above discussion that... 因此，从上面的讨论中我们可以明白……

第五章　新高考视角下的高中英语写作教学

新高考对高中英语写作教学提出了新的要求，在此背景下，教师践行好高中英语写作教学的新要求进行教学，是顺利推进新高考改革的基础和关键。本章是新高考视角下的高中英语写作教学，从新高考视角下的应用文写作、新高考视角下的读后续写写作两方面展开了论述。

第一节　新高考视角下的应用文写作

在新高考视角下，高中生的英语综合应用能力成为新高考的考查重点。具体到英语写作部分，应用文写作成为近几年新高考评价学生英语写作能力的主要方式。与其他文体相比，应用文更复杂，更能考查学生的语言表达、书写规范、观点阐明等英语综合应用能力，同时应用文也能体现英语的实用性。这意味着学生不仅要理解应用文写作的题目要求，更要在应用文写作过程中准确阐述自身的观点，从而有效传递应用文写作题目规定的信息。这样的考查方式不仅检验了学生的英语水平，更锻炼了他们的逻辑思维能力和表达能力。

一、新高考视角下的应用文写作命题的特点

（一）稳中求变，推陈出新

近几年，新高考的应用文写作命题稳中求变，推陈出新，年年有变化，尤其在体裁、情景设置和语言表达能力上变化甚大（表 5–1–1）。

表 5-1-1　近几年新高考应用文写作命题对比分析表

年份	情景	体裁	提示方式	学生身份	格式
2020 年	写一篇短文，介绍身边值得尊敬和爱戴的人	人物介绍	提纲式	在校学生	An admirable person

续表

年份	情景	体裁	提示方式	学生身份	格式
2021 年	写一篇短文投稿，庆祝校英文报 Youth 创刊 10 周年	短文投稿	提纲式	校英文报读者	Youth and Me
2022 年	写邮件邀请外教 Caroline 在校广播站英语节目“Talk and Talk”做访谈	邮件／邀请信	提纲式	李华，校广播站英语节目负责人	Dear Caroline. Yours sincerely, Li Hua
2023 年	写一封对外教给学生分组提出意见和建议的邮件	邮件	提纲式	李华，在校学生	Dear Jim, Yours, Li Hua

如表 5-1-1 所示，新高考的应用文写作命题除提示方式和词数没有发生变化外，诸多方面发生了变化。众所周知，为避免雷同或反猜题，新高考应用文写作命题更新写作题材／话题是预料之中的，同时新高考应用文写作命题中也存在创新之举，这些“微创”应引起教师的重视。

1. 情景

推陈出新是新高考应用文写作情景设置的最大特点，2021 年应用文写作情景设置为校英文报十周年庆（栏目），而 2022 年应用文写作情景设置为广播站英语节邀请嘉宾。这些情景设置较为陌生，属于创新，在往年出现较少，需要教师多加重视。

2. 体裁

新高考应用文写作体裁皆有小变化，分别为稿件（投稿）、新闻报道和邮件。前两者相似，为短文形式，多要求学生以记叙 + 议论方式进行写作；后两者多为邮件，基本是邀请信和提意见建议信。

这几种应用文写作体裁有个共同特点，那就是对语言表达形式要求较高，看似容易，学生想得高分却有一定难度。

3. 学生身份

新高考应用文写作中不能出现考生本人的信息，但 2022 年李华归来做了英文广播站的负责人，学生在应用文写作中以李华的身份简单进行自我介绍也是有必要的。

4. 格式

表中四道应用文写作命题都为学生提供了写作格式，前两题提供了标题，后者则提供了较完整的邮件／书信格式。

从上面分析可以看出，2022、2023 年应用文写作格式变化最大，创新点也多些。但是，不管是投稿、校庆还是邀请信，这类应用文写作命题对语言表达形式要求较高，学生写出语言表达形式具备一定水平的应用文才有可能获得高分，不能仅仅满足于写完了应用文就好。事实上，这几年的应用文写作命题“看似容易，得高分不易”。

（二）对学生的语言能力要求提高

邮件是学生较为熟悉的应用文文体之一，也是往年高考英语试卷应用文写作命题常采用的体裁之一。但是 2022 年的全国新高考卷应用文写作命题要求学生写出一封邮件，有些学生可能会不太适应这种邮件形式的应用文写作。

究其原因，一是近年全国卷好像在弱化书信这种应用文体裁，如 2020 到 2022 三年时间里，高考英语试卷应用文写作命题中书信／邮件体应用文的数量较少；二是“此信非彼信”，如与往年高考英语试卷应用文写作命题（邀请信）相比，2022 年的全国新高考 I 卷应用文写作命题有了一些新变化，其与往年全国卷应用文写作命题（邀请信）的对比分析如表 5-1-2 所示。

表 5-1-2　2022 全国新高考 I 卷应用文写作与往年高考英语试卷应用文写作命题（邀请信）对比分析表

年份	你的身份	邀请对象	情景	题材／内容	格式
2017 年全国卷 II	学生	Henry，外教	邀请 Henry 参观中国剪纸艺术展	展览时间、展览地点、展览内容	—
2017 年全国卷 III	学生	Eric，留学生朋友	你校乒乓球队招收新队员，邀请 Eric 参加	体育（乒乓球活动）、报名方式及截止日期	—
2019 年全国卷 III	学生	Allen，英国朋友	你校举办音乐节，邀请 Allen 参加	音乐节时间、音乐节活动安排、欢迎他参加音乐节	—
2022 年全国新高考 I 卷	校广播站英语节目负责人	Caroline，外教	邀请外教做客广播站，参加英语节目“Talk and Talk”访谈	节目介绍、访谈的时间和话题。	Dear Caroline Yours sincerely, Li Hua

如表 5-1-2 所示，在往年高考英语试卷中有三道应用文写作命题为邀请信，但是 2022 年的全国新高考 I 卷应用文写作命题除了邀请对象、时间和地点以及活动内容，还有两多一变的“微创”。

①多了写作格式，往年的邀请信没有为学生提供写作格式，但 2022 年的全国新高考 I 卷却为学生提供了较为规范的写作格式。

②多了一个词，往年全国卷会给出书信格式的署名前的 Yours（其他书信题），而 2022 年邀请信却给出了 Yours sincerely（也可说 Sincerely yours），多了一个词。

③李华身份有变，李华以往是一名普通高中生（在 2019 年全国卷做过排球队队长），但 2022 年全国新高考 I 卷中，李华成为校广播站英语节目负责人，邀请外教（Caroline）参加访谈节目。

以上的“两多一变”，对学生的语言能力提出了较高要求，主要有两点：其一，这要求学生在应用文写作中多使用正式体或书面语，少用非正式体或俚语，也就是学生要注意结合读者对象、时间、地点和场合等，使用得体语言进行应用文写作。例如“How's your life? How are you? I wanna ask you to give us a talk....Goodbye! Long time no see.”等，这些多为“口语体”，不太适合应用文写作，有凑字数或理屈词穷之嫌。其二，学生要在应用文写作中注意使用礼貌客气用语。应用文写作的目的是学生干部邀请外教老师，学生应在应用文写作中使用客气委婉的语言进行邀请，不要打官腔，将邀请强加于人。例如，“If you (do) not come, I'll ask others. Please write back soon.”就太生硬，不够礼貌客气。

新高考视角下的应用文写作对学生在校园生活中发现问题、解决问题的能力提出了更高的要求，需要学生更全面地考虑问题，才能更好地达到应用文写作要求。学生在应用文写作中应注意：其一，说明问题时，态度应该是诚恳而非诘责，宜用委婉语气；其二，学生在应用文中提出建议时，应当与应用文要说明的问题相匹配，达到应用文写作目的。

二、新高考视角下导致学生在英语写作部分失分的原因

在新高考英语作文写作部分，部分学生会遇到各种各样的问题，如单词拼写错误、语法错误、用词错误。这些问题并非偶然出现，它与部分学生的日常英语学习方法有关，且会拉低部分学生的分数。死记硬背并不是一种有效地记忆单词和语法的方法，学生只有理解了单词的含义，才能将其准确无误地运用在英语作文中。令人遗憾的是，一些学生在写作时仅会使用一些简单的字词和句子，因此他们的作文无法取得高分。部分英语基础扎实的学生在写作时能够正确地运用高级词汇和复杂句型，因此他们的作文能获得高分。例如，当需要表达“非常”这一含义时，这部分学生不会使用 very，而是会选择更高级的表达方式，如

increasingly。这样的用词不仅丰富了作文的语言表达，也展现了这些学生扎实的英语基础和出色的英语应用能力。

三、新高考视角下的高中英语应用文写作教学的重点

教师应将理论学习与实践相结合，探索新高考视角下高中英语应用文写作教学的重点，这能为教师在新高考视角下开展应用文写作教学指明方向。

（一）创设真实情境，树立读者意识

在应用文写作前的热身准备阶段，教师应立足学生现有的认知水平创设与他们生活经验相关的真实情境，增强学生的学习兴趣和学习动机，让学生迅速进入轻松的讨论之中。上课开始，教师通过展示学校近期举办的徒步旅行暨高考百日宣誓活动中的照片，并提出如下两个问题："Did you remember what you did on that day? How would you make this activity known to others?" 学生回答："By writing a news report/make a news broadcast." 教师追问："As one of the participants, what would you say and how would you say in your report?" 学生回答："The time and place, the participants, what we did in the activity, describe it logically..."

应用文具有目的清晰、对象明确的特点，其写作过程是一项基于读者阅读体验的社会行为，在学生在应用文写作中必须树立读者意识，引导读者与作者正确互动。在第一个问题中，教师要通过创设与学生生活密切相关的真实情境，引起学生的学习兴趣，增强学生主动探究应用文写作的欲望；在第二个问题中，教师要让学生注意应用文写作中的交际目的和树立读者意识，关注作者与读者的关系。教师要根据写作任务创设与主题相关的真实情境，帮助学生在新的语境中综合运用其已经具备的语言技能。

（二）明确写作目标，引起写作兴趣

阅读是积累和理解目标语言的输入过程，而写作则是运用目标语言的输出过程，两者相互作用、相互影响、同步发展。教师要引导学生兼顾宏观写作知识解构和微观写作技能学习，帮助学生参照范文进行模仿写作，进而帮助他们实现知识迁移和能力提升。教师在阅读前明确写作目标，可以引起学生的写作兴趣，让学生明白本节课的学习问题，使学生有学习方向，有利于学生集中注意力，激发学习动机和缓解焦虑情绪。

随后，教师布置阅读和写作的任务。例如，本节课的应用文写作目标为假定“你”是李华，上周日“你”校举办了5公里越野赛跑活动。请“你”为校英语报写一篇新闻报道类应用文，其内容包括：参加人员、跑步路线、活动反响。教师向学生提供关于学校徒步旅行的新闻报道范文，并呈现本节课的具体学习目标：分析和归纳范文的语篇结构、语言特点和衔接连贯方式等；独立完成一篇新闻报道类应用文；组织学生根据他们的作文进行多元评价，发现作文中的问题并修改润色本节课的作文。

（三）逐层解构范文，促进知识习得

1. 整体阅读，分析语篇结构

语篇的交际目的决定了其文体，并使得同文体语篇的结构大体相似；文体具有常规性和制约性，它是一种被文体使用者共同遵守的、程式化的交际工具。因此，教师应指导学生整体阅读范文，围绕语篇的交际目的和文体组织学生进行讨论，分析语篇的结构，新闻报道类应用文语篇结构如图5−1−1。

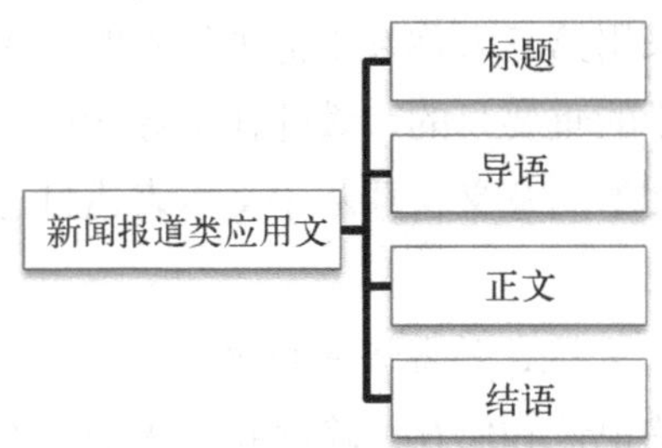

图 5-1-1　新闻报道类应用文语篇结构图

虽然考试中的新闻报道类应用文与真实的新闻报道有一定的差距，但其语篇结构、内容、语言等要素却是一致的。学生通过阅读发现，从语篇结构上看，新闻报道类应用文的语篇结构具有明显的程式化特征，通常呈倒金字塔形，由标题、导语、正文和结语几部分组成。分析应用文的语篇结构可以帮助学生理解应用文文本段落之间的逻辑关系，分析其结构特征和行文特点，培养学生的分析概括能力。

2. 围绕主题语境，培养思维品质

因此，应用文写作教学中教师应依托语篇，围绕主题语境，设计能够体现思维层次的问题，培养学生的思维品质。在语篇结构图的基础上，教师提出以下问

题，引导学生回忆活动的经历及感受，再与范文进行对比，归纳应用文的主题内容，明确应用文写作的主题意义。

Q1：What did our school launch last Sunday?

Q2：Who participated in the activity?

Q3：What did you do in the activity?

Q4：How did you feel about the activity? Why?

Q5：What do you think of the given text?

教师提出的问题应具有思辨性，关注学生的多元思维发展。例如，Q1、Q2和Q3属于思维的识记和理解层次问题，学生只需要结合实际和阅读范文定位信息即可，而Q4和Q5则属于思维的判断和评价问题，学生通常会把个人的感受与范文结语部分作者的感受进行对比，提炼出学校组织该活动的意义。此时，也有学生对语篇内容表示质疑，因为教科书中中新闻报道类应用文语篇中也可以不加入个人的感受，而是客观呈现事件的过程。教师对学生的质疑精神给予鼓励，并做如下补充：本文的作者也是参与者，因此采用了第一人称，如作者并非活动的参与者，新闻报道则应采用第三人称且不提供作者的个人评价。培养学生的思维品质是高中英语写作教学的重要目的，教师在引导学生阅读范文时要融入思维的训练，让学生能够理解文本的意义，并基于文本表达自己的观点，从而培养他们的思维品质。

3. 关注范文中的语言表达，储备语言知识

有学者认为，语言的记忆和储存、输出和使用是以那些固定和半固定的模式化了的版块结构为单位的。语言作为应用文的微观要素之一，也是学生写作思维的外显形式，教师应指导学生关注范文中的词汇、短语或句式等语言表达，体会其特征，从而帮助学生储备语言知识。

教师应引导学生关注范文各个部分的语言并讨论其特色，例如，范文的标题精炼、简洁，能够反映出活动的主题；导语部分交代了活动的时间、目的、组织者和参与者等信息；正文是以第一人称对导语的具体阐述，为活动主题提供事实依据和细节支撑，使用了deliver an inspiring speech，make a pledge，appreciate the fantastic scenery等高级词块，并使用了定语从句、分词作状语和倒装句等句式，这些能够为应用文写作增色；最后的结语则是简要概括了活动对参与者产生的影响。教师要引导学生关注范文中多样的语言表达，这可以为学生提供语言支架，帮助学生理解新闻报道类应用文语言的正规与严肃，有助于学生在后续练习中进行模仿写作。同时，部分学生容易忽视语言的交际策略，故在

实际的应用文写作教学中，教师应提供多篇范文，让学生总结和概括在同类型应用文中呈现高复现率的语言表达，并在真实情境中尝试使用这些语言表达，而不只是使语言学习停留在认知的层级。学生需要在教师的帮助下了解口语和书面语的差异，积累一定的语体知识，掌握正式语体与非正式语体的使用方法。

（四）完成写作作业，多元评价反馈

模仿是人的本能，模仿不是无意义的机械重复。教师可以引导学生模仿范文的词语、语句结构和语篇结构的运用，甚至模仿范文的格式、标点的运用等。教师布置的写作作业与课上师生共同分析的范文有较强的相似性和关联性，有利于学生将课堂所学应用于新的交际情景之中，实现知识迁移。在学生对新闻报道类应用文写作有了一定的知识储备后，教师组织学生进行小组讨论，进一步说明新闻报道类应用文的写作思路，学生在讨论的过程中用英语阐述自身的写作思路。小组讨论的整个过程也是对新闻报道类应用文写作主题内容的再一次分析，可以帮助学生顺利下笔写作，完成写作作业。

评价是应用文写作教学的最后环节，也是其必要的组成部分，学生是学习的主体，也是评价的主体。教师在组织评价活动的过程中应关注学生的主体性，重视写作后的学生自评和同学互评。学生自评即反思的过程，有助于学生内化写作技能和培养学生的批判性思维。这样的多元评价反馈不但可以帮助学生汲取他人的知识精华，发现自身的问题，还能够让学生体验到评价的乐趣，从而增强他们写作的积极性。教师为学生提供了写作评价项目表（如表 5–1–3），写作评价项目表包含结构、内容、语言三个维度。

表 5-1-3　写作评价项目表

评价内容	评价标准	反馈意见
结构	结构正确；段落分明	
内容	主题明确、要点齐全、内容充实	
语言	语言正确、用词丰富、句式多样	

学生自评和同学互评后，教师再组织学生进行小组讨论和交流，并修改润色作文。整个评价的过程为学生创造了交流的机会，可以帮助学生内化新的知识，也为学生提供了反思的空间，有利于提升学生的新闻报道类应用文写作水平。评价环节结束后，教师应当让学生推荐优秀作文并利用投影在班级展示优秀作文，供学生朗读、赏析和评价，示例教学中被学生推荐的优秀作文内容如下。

A meaningful outdoor activity

Last Sunday our school launched an annual cross-country running race, which draw the attention of every student and teacher in the school.

Participating in the activity were energetic and dynamic participants from every class who started from the school gate and ran all the way to the foot of Nanshan Mountain, covering 5 kilometers altogether. Challenging as the race was, all of us gave full play to our willpower, most of whom strove to cross the finishing line, enjoying the enthusiastic cheers and applause.

This activity was well-received, which not only improves our physical quality, but also enhances our friendship.

教师引导学生集体讨论和评价被推荐作文，学生一致认为，这篇优秀作文符合新闻报道类应用文的语篇结构，活动记录翔实，文中对非谓语动词、倒装句、定语从句等的使用体现了其语言表达的丰富性。此外，该学生还模仿了范文中“not only... but also...”的句式结构。师生共评优秀作文能让学生的知识和情感实现正向迁移，能对学生深入领悟新闻报道类应用文写作产生积极的影响，也有利于教师培养学生的学习能力和思维品质。

（五）掌握不同类型应用文的常用句型及功能

邀请函、书信、通知以及邮件等都属于应用文。教师在引导学生进行应用文写作时，应当全面深入地总结与对比各类应用文的适用场合、主要作用及社会意义。此外，教师还需要对各类应用文常用句式及功能进行梳理和讲解，以便学生能够准确掌握不同类型应用文的写作要领。通过教师的梳理讲解，学生不仅能够深刻领悟各类应用文的写作规范和功能，还能够在实际的应用文写作和考试中，合理地选择和使用句型，从而精准地在应用文写作中表达自己的意图和想法。

（六）掌握概要写作的具体要求

针对新高考中新增的概要写作部分，教师在指导学生进行英语写作时，应着重引导学生掌握新高考对概要写作的具体要求。概要写作要求学生用大约 30 个单词概括、总结给定的阅读材料。学生在概要写作中使用的词汇少于 25 个或超出 40 个，都会被扣分。另外，学生在概要写作中直接用阅读材料中的句子来概括是不给分的。因此，学生在写作前必须深入阅读并理解原文，并从中提炼和整合信息，再运用恰当的词汇、句型和语法结构对原文进行概括。此外，教师还需要帮助学生掌握概要写作的技巧。例如，在写作过程中，学生应选择合适的人称和时态，避免人称和时态混用或错用。学生还需要梳理自己的写作思路，合理运用英语中的连词，确保概要写作的连贯性和逻辑性。同时，学生应当总结作者的观点，避免将自己的观点随意插入其中。最后，学生还需要特别注意概要写作的描述不要过于详细，以免超出字数限制。

四、新高考视角下的高中英语应用文写作教学策略

（一）分层教学策略

在英语应用文写作过程中，学生存在一些共性问题和个性问题。针对这种情况，教师可以使用分层教学策略。具体而言，教师可以根据学生的实际英语水平、学习态度及潜力等因素，将学生细分为不同的层次。教师可以依据学生所在层次，灵活调整教学策略，为每一层次的学生制订相应的学习计划。这种分层教学策略不仅能够帮助学生有效解决他们在应用文写作中遇到的共性问题，还能更精准地帮助学生解决其个性问题。

1. 学生分层

在对即将迎接高考的高三学生进行应用文写作教学时，教师需要转变教学策略，紧密结合学生的实际状况，对学生实施更具针对性和个性化的应用文写作教学。教师可以在深入了解学生现有英语水平的基础上，巧妙地将学生划分为三个层次，并据此使用分层教学策略。第一层次的学生英语基础较为扎实，能够游刃有余地完成应用文写作任务，教师应当鼓励他们持续发挥优势，力求帮助他们在应用文写作上达到更高的境界。第二层次的学生则在英语水平上稍逊于第一层次的学生，他们是教师需要重点关注的对象。教师应当为他们量身定制教学计划，引导他们掌握应用文写作技巧，解决应用文写作难题。在教师指导下，这些学生有望在高考英语应用文写作中取得更加优异的成绩。第三层次学生的英语基础和写作能力较弱。在此情境下，教师不宜给他们布置难度过高的应用文写作练习，而应将教学重点聚焦于帮助他们掌握单词及语法的正确应用方式上。同时，教师还需要帮助他们规范写作思路，教会他们运用简单的句型准确表达他们的思想。通过教师的引导与训练，这些学生有望在高考英语应用文写作中取得及格成绩。

2. 分层教学

对于身处高三这一关键阶段的学生来说，教师应引导他们深入剖析自身在学习上遇到的难题和需要跨越的障碍，为不同层次的学生设计课前、课中和课后的学习方案，以贴合他们的学习需求和成长路径。例如，某教师负责班级内大部分学生都处于第二层次，他们在单词记忆方面基础比较扎实，但语言表达能力与语言输出能力仍需提升。英语应用文的写作与汉语应用文写作虽有共通之处，但亦有显著区别，其关键在于准确复制、巧妙转化和有效传递信息。这类学生通常在阅读、理解和记忆方面表现出色，然而其知识面相对略窄。

因此，在应用文写作分层教学中，教师不仅要引导学生掌握长难句的表达技巧，更要为他们提供经典的范文，供其阅读、学习和模仿。应用文涵盖的主题广泛而多样，教师应根据各个主题的特点，针对学生层次组织学生参与应用文写作训练。教师要通过多元的教学方法，为学生创造更多练习应用文写作的机会，让他们在实践中不断尝试，从而逐步提升他们的应用文写作水平。在布置课后作业时，教师需要充分考虑学生的个体差异，为不同层次的学生布置不同的作业任务，并设定相应的要求。这样，每个层次的学生都能在适合自己的学习轨道上稳步前行，最终实现全面而均衡的发展。

3. 分层评价

教师在深入研读高考作文评分细则后，针对学生写作练习的具体情况，给予不同层次学生明确且具体的建议。学生需要根据这些具体要求，精准地调整和修改自己的作文。当学生根据这些建议修改完作文后，教师应结合学生所在层次，再次给予学生反馈和分层评价，帮助学生重新梳理作文思路，确保学生作文在紧扣主题的同时还能够提炼更多有效信息，并能对这些信息进行合理加工，从而提升不同层次学生的作文质量。

（二）紧扣应用文写作主题，优化其语言

学生写成的应用文有着同样的主题，相近的内容，最后得分却有高低，差距出在哪里？影响学生最后得分的是语言，是学生能否准确运用英语的各种语言形式。高考应用文写作以基本词块为主，但除了这些基础词块，学生还需要选择使用其他语言形式以紧扣应用文写作主题，优化其语言。下面笔者仅以 2022 年新高考 I 卷应用文命题为例，重点谈谈学生在新高考应用文写作中，应如何选择与应用语言形式。

1. 主题词块优先

在应用文写作中，学生脑海中的备选词汇（包括基础词汇）可能有很多，但与主题情景相关的话题词汇或专业词汇则是学生的最佳选择，也就是说学生选择与应用语言形式时，要遵循主题词块优先的原则。这样可以突出主题，让读者觉得学生在应用文写作中始终在围绕主题描述，没有跑偏。

2. 带感情色彩的词块优先

在应用文写作中学生可以通过用词反映自身的情感，如爱憎、褒贬或抑扬等，因此学术在选择与应用语言形式时，要遵循带感情色彩的词块优先原则。例如，写活动反响、期望和祝福等，这时学生就需要用带感情色彩的词块在应用文写作中体现符合主题要求的情感基调。本题要求学生外教写信，邀请她前来参加节目，当然选用带感情色彩的词块为好，学生应优先选用态度诚恳的词语。

带感情的词块：appreciate，grateful，thankful，sincere/sincerely，genuine/genuinely，beneficial，appropriate

一般可用句式：① It would be better if you could...

②一般：see you as soon as you arrive at the stadio.

较为正式的可用句式：I'll see/pay a visit to you upon your arriving at the stadio.（upon doing 是一种较为正式的表达方式）

3. 高级词汇优先

高级词汇指由新课标词汇推导出的派生词、合成词，也可以是高中英语选择性必修教科书上的词汇。学生如果能在应用文写作中准确使用这些词汇，就能让作文锦上添花，提高应用文的表现力。

① This talk show is to help students improve their spoken English.

② This radio programme is designed/aims to better/improve/promote their oral English.（oral 非新课标词汇）

相比而言，②句含有非新课标词汇和基于新课标词汇推导出的派生词等，学生如果能在应用文写作中准确使用这些高级词汇，再加上使用一些长难句，就能让应用文表达更丰富、效果更佳。

【温馨提示】学生在动笔时，应注意不要受汉语影响而误用词块。例如，栏目、板块对应的词块有 column，programme，show，item，board 等。但本题是英文广播电台，故用 programme 为最佳；show 次之；column 常指报纸上的栏目；board 则通常指板报栏或广告栏等。

4. 具体词语优先

学生在应用文写作中应尽量使用具体词语，避免使用笼统、模糊的词语。使用数字和准确的地名就体现了学生要在应用文写作中使用具体词语。

①使用具体词语代替笼统词语。

The programme aims to help the students learn English. (learn 是笼统词，也是常见词)

The programme aims to improve/better the students 'English. (better 是具体词，可以帮助学生在应用文写作中实现创新表达)

②使用与时间和地点有关的词块。

时间：at 9:00 am, at 9:30 am；at 2:00 pm, 2:45 pm/ on Saturday, June 8, 2022

地点：studio，broadcasting station/room

句式：It starts at...lasting about half an hour.

【温馨提示】时间和地点是本题的重中之重，虽然这时候学生一般要多使用常见词，但学生在写作时要表述具体到几点几分、持续多少分钟的事件，还要具体到某天、星期几、上下午等。要写具体，不能模糊表达。

5. 格式化语言优先

在书信和邮件以及日记、通知（口头和书面两种）等应用文体中，都有一定的格式，也有现成的“套句”，学生在应用文写作中应优先应用这些格式化语言。

开头：

① I want to/wanna invite you to talk in our programme.

② I'm writing to invite you to talk in our programme.

结尾：

① I hope you write back soon.

② (I'm) Looking forward to your early reply.

细节：

① If you come, I'll go see you and have a detailed interview.

② I'd appreciate it if you could come and talk in our programme.

相比较而言，细节中②句更合书信/邮件格式，不容易出错还是规范表达；而细节中①句子则为非正式体或口语体，用在书信中表达效果不佳，尤其是容易让外教即被邀请者觉得邀请者李华的态度有些生硬，这样的表态无异于是要求外教做出接受邀请的决定。

第二节　新高考视角下的读后续写

作为高考英语中的新题型，同时也是新高考改革的重要一环，读后续写无疑契合了当前高中英语教学改革的大趋势。这种题型巧妙地将英语阅读与英语写作融为一体，极大地推动了以写促学的效果。读后续写是指学生在深入理解和分析阅读材料的基础上，模仿其语言结构和风格特点，同时在续写部分加入个人的思考与创新进行读后续写。他们会努力使续写部分与原文在结构和风格上保持一致，从而展现自身对原文的深刻理解并延续原文的精彩。在读后续写的过程中，学生基于阅读材料，结合自己的想象力和创造力进行读后续写。这种读后续写不仅有助于锻炼他们的语言能力，能够帮助他们更准确地表达思想，有助于培养他们的批判性思维，使他们能够在英语阅读中独立思考，表达自己的观点和判断，这样的教育方式无疑为学生的全面发展提供了有力的支持。

一、新高考视角下的读后续写概述

（一）读后续写的定义

读后续写要求学生在阅读完一篇不完整阅读材料的基础上，充分发挥想象力，根据所给的两段段首句预测缺失部分的走向，用丰富准确的语言对故事情节进行读后续写，使之成为一篇与阅读材料原文情境融洽度高、逻辑合理、结构清晰、表达流畅恰当、衔接自然的文章。读后续写，顾名思义，就是学生在阅读题目给出的阅读材料之后对未完成的阅读材料进行续写的一种写作形式。它将语言输入与语言输出、语言模仿与语言创造有机地结合在一起，既能培养学生的英语阅读能力，更能锻炼其英语写作能力。该题型从整体上对高中生的英语写作能力提出了更高的要求，更能体现学生的英语学科核心素养和语言综合运用能力。

（二）读后续写的题型特点

读后续写原文词数大概在 350 词以内，体裁以叙事性记叙文为主，逻辑性较强，而且具有一定的故事性，所提供的阅读材料一般有一定的趣味性和延展性，便于学生发挥想象力；上下文连贯性较强，语言难度适中，便于学生感知品读和借鉴使用。读后续写原文主题基本在人与自然、人与自我、人与社会的范围内。读后续写分为两部分，题目会给出每部分的首句，学生需要对这两句话以及上下文进行分析，梳理读后续写的脉络。

（三）读后续写对学生的能力要求

1．记叙文阅读理解能力

记叙文的阅读理解能力即学生理解故事、厘清故事发展脉络的能力，后者包括浅层的信息定位能力和深层的文本分析能力，记叙文阅读理解能为是学生完成读后续写的基础。

2．由读到写的思维能力

读后续写要求学生将从阅读材料中读到的信息运用到英语写作中去，这一由英语阅读过渡到英语写作的过程需要学生合理运用由读到写的思维能力。

缜密的逻辑思维能力：读后续写是有一定限制条件的写作，需要学生具备缜密的逻辑思维能力，学生在确定读后续写内容时要做到有理有据，需要缜密思考读后续写内容与题目所给阅读材料的融洽度与题目所提供各段落开头语的衔接性，两个读后续写段落内部内容的合理性。

合理的创造性思维能力：读后续写要求考生自由发挥，创造读后续写故事情节，这需要学生具备合理的创造性思维能力。但这种创造性思维能力并不意味着学生可以完全自由思考，而是要以阅读原文为基础，紧密结合题目中给出的首句发挥想象，合理创造故事情节。

3．记叙文的书面表达能力

读后续写写的是一种记叙文，在学生将阅读思考转化为写作思考时，语言的准确性、丰富性与连贯性是体现其书面表达能力的关键。

语言的准确性：读后续写要求考生把语言错误降至最少，语言错误主要包括语法、词汇搭配与单词拼写的错误，同时学生在读后续写中应尽量使用地道、准确的英语，其语言要具备准确性，避免出现中式英语一类的表达。

语言的丰富性：读后续写要求考生的语言要具备丰富性，这包括用词和句型结构的多样性与生动性，特别需要学生注意他们所用动词的丰富性与情感表达的多样性。

语言的连贯性：读后续写要求学生所写内容结构紧凑，语言具备连贯性。因此，学生在保证语言准确性与丰富性的基础上，需要合理使用恰当的连接成分在内容间进行衔接。

（四）读后续写的评分标准

读后续写的评分标准如下。

1. 评分原则

①本题总分为 25 分，按五个档次对学生的读后续写进行评分。

②评分时，教师主要从内容、语言表达和篇章结构三点对学生的读后续写进行考查。

第一，学生读后续写内容的质量、完整性以及学生读后续写与原文情境的融洽度。

第二，学生读后续写所使用词汇、语言和语法结构的准确性、恰当性和多样性。

第三，学生读后续写中的上下文的衔接和读后续写与原文的连贯性。

教师对学生的读后续写进行评分时，应先根据学生读后续写的整体情况确定其所属的档次，然后以该档次的要求来综合衡量学生的读后续写，最后正式评分。

教师对学生的读后续写进行评分时还应注意以下几点。

第一，学生的读后续写词数少于 120 的，酌情扣分。

第二，单词拼写和标点符号是读后续写写作规范的重要方面，教师评分时应视其对交际的影响程度考虑是否扣分，英、美拼写及词汇用法均是可以接受的。

第三，学生的读后续写书写较差以致影响教师辨识的，酌情扣分。

2. 读后续写各档次的给分范围和要求

读后续写各档次的给分范围和要求，如表 5-2-1 所示。

表 5-2-1　读后续写各档次的给分范围和要求

档次	描述
第五档（21～25 分）	①与所给原文融洽度高，与所提供各段落首句衔接合理； ②内容丰富，应用了 5 个以上阅读材料中标出的关键词语； ③所使用的语法结构和词汇丰富、准确，可能有些许错误，但完全不影响其意义表达； ④有效地使用了连接成分，使读后续写结构紧凑
第四档（16～20 分）	①与所给阅读材料融洽度较高，与所提供各段落首句衔接较为合理； ②内容比较丰富，应用了 5 个以上阅读材料中标出的关键词语； ③所使用的语法结构和词汇较为丰富、准确，可能有些许错误，但不影响其意义表达； ④比较有效地使用了连接成分，使读后续写结构紧凑
第三档（11～15 分）	①与所给阅读材料关系较为密切，与所提供各段落首句有一定的衔接； ②写出了若干有关内容，应用了 4 个以上阅读材料中标出的关键词语； ③所使用的语法结构和词汇能满足任务的要求，虽有一些错误，但不影响其意义表达； ④使用了简单的连接成分，使读后续写全文内容连贯

续表

档次	描述
第二档（6~10 分）	①与所给阅读材料有一定的关系，与所提供各段落首句有一定的衔接； ②写出了一些有关内容，应用了 3 个以上阅读材料中标出的关键词语； ③语法结构单调，词汇项目有限，有些语法结构和词汇方面的错误，影响了其意义的表达； ④较少使用连接成分，读后续写全文内容缺少连贯性
第一档（1~5 分）	①与所给阅读材料和首句的衔接较差； ②产出内容太少，很少使用阅读材料中标出的关键词语； ③语法结构单调，词汇项目很有限，有较多语法结构和词汇方面的错误，严重影响了其意义的表达； ④缺乏连接成分，读后续写全文内容不连贯
0 分	白卷、内容太少让教师无法评判或所写内容与所提供阅读材料无关

二、新高考视角下的读后续写理论基础

（一）协同理论

协同是保障人际交流顺畅的关键机制，其核心在于对话双方在动态沟通中展现出的相互协作、相互理解，直至达到默契。值得注意的是协同不仅存在于人际交流中，亦涵盖人与社会、人与物质环境之间的相互作用。

在读后续写的理论基础内部，协同理论占据了重要地位。英语阅读理解与英语写作结合的紧密程度影响着学生在读后续写部分的英语学习效率，阅读与写作的结合产生了协同效应。当阅读与写作结合得更为紧密时，协同效应将更为显著，进而优化学生的英语学习效果。

（二）输入理论

输入理论是读后续写重要的理论基础，输入顾名思义是把知识输送到学生脑海中，输入理论强调学生需要大量的语言材料输入，这个语言材料输入正是读后续写中“读”的过程。

三、新高考视角下的读后续写教学策略

（一）新高考视角下的读后续写阅读材料的选择

读后续写作为一种创造性的语言实践，其核心在于学生以给定的阅读材料为

基础，延伸出个性化的读后续写内容。在这一过程中，阅读材料不仅充当了学生语言输入的媒介，更在无形中为学生读后续写的内容与语言风格定下了基调。因此，教师必须高度重视对阅读材料的选择。

阅读材料的来源可谓丰富多样，可能源自日常使用的教科书或是考试试卷中的阅读理解篇章；也可能来自各类外语读物中未完待续的段落；甚至是那些引人入胜、情节跌宕起伏的电影片段。然而，无论阅读材料的来源如何，教师所选的阅读材料都应遵循以下三个核心原则。

1．趣味性

教师在选择阅读材料时，应当遵循趣味性原则，从学生角度出发，精心挑选那些能够引起学生阅读兴趣的阅读材料。这样的阅读材料不仅能够有效增强学生的学习热情，更能激发他们的续写欲望。在寻找读后续写的阅读材料时，教师不妨优先考虑选择那些富有趣味性的故事。此类故事往往充满了引人入胜的情节，语境丰富多元，且贴近学生的日常生活，它们不仅能够帮助学生培养良好的语感，还能引起学生的写作兴趣，让他们在快乐中学会表达，在表达中深化对高中英语写作的理解。

2．扩展性

教师在选择阅读材料时，应遵循扩展性原则，力求所选阅读材料能够触动学生内心、激发他们想象力，给予他们更广阔的写作空间。在挑选读后续写阅读材料时，笔者建议教师优先选择记叙文，这样的阅读材料不仅可以引导学生深入理解故事的情节脉络，还能帮助他们探索故事的内在深意。具有完整情节的故事，其连贯性往往更为出色，这为学生留下了发挥余地，使他们能够在读后续写中尽情展现才华。

3．难度适中

教师应根据学生的发展规律，挑选难度适中、与学生能力相匹配的阅读材料。在挑选读后续写阅读材料时，教师更应慎重考虑阅读材料内容的难度，确保学生能够理解阅读材料，进而为学生提供优质的语言模仿模板。教师需要全面考虑学生的学习潜力，阅读材料内容既不宜过于简单以免缺乏挑战性，也不应过难以免超出学生的理解范围。此外，阅读材料中的生词和新句含量应恰到好处，既能激发学生的求知欲，又不至于成为他们理解阅读材料的绊脚石。否则，学生的阅读兴趣可能会因为无法完全理解阅读材料而消减，进而影响教师的读后续写教学效果。

（二）新高考视角下的读后续写教学策略与建议

1. 厘清阅读材料脉络，领会其主旨内容

在着手设计读后续写任务之前，教师应详尽解析阅读材料。此时教师的首要任务是确保自己选择的阅读材料不仅逻辑合理，而且能够被学生理解，并具备足够的深度以供他们进行发散性的思考。

在教学过程中，教师应当有意识地引导学生去厘清阅读材料脉络即厘清阅读材料的内在结构和故事发展的各个环节与线索。例如，在阅读记叙文时，教师可以引导学生深入剖析 wh 问题，从而使学生精准地把握阅读材料的主体架构。具体而言，教师此举就是要让学生明确阅读材料中涉及的人物（Who）、地点（Where）、时间（When）、事件（What）、原因（Why）以及这些事件的发展过程（How），使学生能够更加深入地理解记叙文故事的来龙去脉。教师应为学生搭建起一个框架，帮助他们深刻领会阅读材料作者的写作意图，从而更好地掌握阅读材料的主干内容，为他们后续进行读后续写打下坚实的基础。

2. 梳理关键信息，分析逻辑联系

在教学过程中，教师应引导学生梳理阅读材料中的关键信息，对阅读材料中的关键词汇进行细致分类，并深入分析它们之间的逻辑联系。教师在指导学生应用关键词进行读后续写时，需要确保学生读后续写的内容与段落首句相契合，并与阅读材料整体故事情节的发展保持逻辑上的连贯性。这些关键信息往往能在内容逻辑、语言表达或情感上引发学生的共鸣。同时，读后续写段落开始的首句，也在一定程度对为学生的读后续写全文做了隐性的引导，它们与关键词一同奠定了学生读后续写内容的基调。

因此，教师有责任指导学生细致梳理这些关键信息，根据它们之间的逻辑联系，对其进行合理分类。此外，教师还应引导学生思考不同关键信息可能引出的故事走向与人物情感变化，从而为学生后续的深入分析与读后续写奠定坚实的基础。

3. 罗列读后续写提纲，构建情节发展

教师应引导学生依据关键信息，系统性地罗列出读后续写提纲，从而构建情节发展。此举旨在帮助学生理解阅读材料中的故事情节，精准把握阅读材料中故事发展的核心要素，使学生思路更为清晰，只有这样，学生读后续写的情节才能与阅读材料原文衔接自然。同时，教师可以指导学生利用思维导图的形式，直观地展现阅读材料中人物之间的关系，进而深入理解阅读材料中情节冲突背后的潜在原因，并精心构思读后续写故事的情节发展，从而完善读后续写的提纲。此外，教师还可以组织头脑风暴活动，鼓励学生畅所欲言，汇聚多方智慧，引导学生实现思维的深度交流与碰撞。同时，教师可以引导学生开展分工协作，通过合作交流，让学生成为课堂的主体。在此过程中，教师应当与学生共同探讨阅读材料情节与读写续写提纲，共同完成对读后续写的构思与读后续写前期准备工作。

4.实现与原文语言协同，基于模仿再创造读后续写故事

在阅读材料原文的基础上，实现与原文语言协同是学生读后续写创造故事的首要条件，而创造性续写故事则是这一协同过程的自然结果。教师需要引导学生深入剖析阅读材料故事的语言特点，让学生感受其独特的语言风格，并在读后续写过程中对其进行模仿与再创造。这一过程，本质上是让学生以语言为媒介进行表达，其中，阅读材料的语言是学生读后续写时的重要参照。在创造读后续写故事时，学生不仅要模仿阅读材料原文的词语句型和语言风格，更要在读后续写的故事中融入个人的创意与思想，以此实现与原文语言的协同与基于模仿再创作读后续写故事。

5.完善评价机制，提高学生的读后续写能力

评价对促进学生的深度学习，提高学生的读后续写能力具有举足轻重的作用，教师应完善评价机制，融合多种评价方式对学生的读后续写进行评价。多种评价方式不仅提高了教师的评价效率，更优化了学生的学习效果，有助于提高学生的读写能力。

第六章　读写结合视角下的高中英语读写教学

本章为读写结合视角下的高中英语读写教学，主要介绍了读写结合视角下的高中英语读写教学现状、高中英语读写结合的重要性、高中英语读写结合的教学策略、高中英语读写结合的教学模式四方面内容。

第一节　读写结合视角下的高中英语读写教学现状

在英语学习过程中，相当多的学生认为阅读，尤其是深度阅读非常重要。然而，一部分学生认为深度阅读应聚焦于文章的内容。这一现象表明，对于深度阅读的重点，部分学生的理解尚存在偏差。

如今有部分学生在高中英语写作中往往将语法视为重点，对于作文内容和结构的重视程度则略显不足。更值得注意的是，这部分学生普遍认为对于他们来说把握作文结构是最为棘手的。这与他们过分强调语法的态度形成了鲜明对比，这无疑是一个值得教师深思的问题。

第二节　高中英语读写结合的重要性

一、高中英语阅读的重要性

在高中英语教学中，读与写无疑是不可或缺的。为了全面培养学生的语言素养，教师应以高中英语阅读为手段，引导学生在读的过程中，燃起写作激情，促使他们将所学所想化为笔下的文字，真正实现“以读促写，读写交融”。在高中阶段这一英语学习的黄金时期，高中英语阅读的重要性更是不言而喻的，它如同开启知识宝库的金钥匙，能够引领学生走向更广阔的知识天地。

（一）词汇积累，厚积薄发

学生在阅读过程中，时常会遇到一些新词汇，而词汇的积累，无疑是他们在阅读与写作道路上厚积薄发的重要基础。因此，英语教师肩负着引导学生积累丰富词汇、提升学生读写能力的重任。如今，教师多采用多元的教学手段，让词汇积累变得更简单，从而点燃学生学习词汇的热情。

例如，在讲解一篇文章时，教师可巧妙地结合教科书课文中的生僻词汇，创设有趣的教学情境，并运用多媒体设备辅助教学。随着动感的画面在屏幕上变换，新的单词便跃然学生眼前，学生能迅速加深对新词汇的印象。这不仅极大地增强了学生的学生积极性，更点燃了他们的思维火花。教师还可以切换幻灯片，设置与新词汇相关的场景提问和默写环节，帮助学生在实际应用中巩固词汇知识。在这个过程中，学生可以畅所欲言，教师通过场景演示和词汇感知，逐渐充实学生的词汇库，使他们更好地理解文章。这种学习方式不仅有利于培养学生良好的阅读习惯，更为他们日后的英语写作奠定了坚实的基础。

教师通过综合运用多种词汇教学方法和组织学生参与强化训练，能让学生掌握更多的词汇与句型，为他们未来的英语阅读和英语写作铺平道路。

（二）多元活动，以读促知

在高中英语阅读教学中，教师应当精心策划并组织一系列多元且富有吸引力的活动，以读促知，让学生在轻松愉快的氛围中参与高中英语阅读学习。这样的活动旨在帮助学生通过实践来深化对英语知识的理解，并使其深入理解文章结构、作者意图等。丰富多彩的活动能为学生的英语写作提供丰富的素材和灵感，拓宽他们的知识面。

为了进一步提升学生的阅读体验，教师可以巧妙地将各种趣味盎然的活动融入高中英语阅读教学之中，以增强学生参与高中英语阅读教学的热情。例如，教师可以让学生组成小组，通过角色扮演的方式轮流展示每组学生对文章的理解，这样能够极大地调动学生的学习积极性，使他们更加投入地参与到高中英语阅读教学中来，进而营造出积极活跃的学习氛围。在学生充分展示自己对文章的理解之后，教师还可以鼓励他们根据所读内容进行相关的写作练习，不必过多限制文章的结构和题材，只要学生能够真诚地表达自己的想法和感受即可。这样的教学模式，可以帮助教师在很大程度上激发学生的写作热情。

（三）读后深化，以写抒情

教师要指导学生在阅读后对自己所读内容进行深化提炼，汲取文章的精华，并指导他们进行仿写或改写，让学生做到读后深化，以写抒情，引导学生在写作时主动表达自己内心的感受，使读和写的教学环节得到持续的深化和融合。只有学生的英语阅读能力显著提升，其英语写作能力才有可能随之提升。

以某教师的教学流程为例，首先，教师应布置阅读任务，要求学生反复阅读文章，以深入理解和把握文章的内容。随后，教师可以组织学生进行小组讨论，使他们轮流复述阅读的内容，并分享各自的阅读体会与心得。其次，为了提升学生的词汇应用能力，教师可以鼓励学生尝试使用近义词替换文章中相近的词汇，以增强学生的阅读实效。同时，教师还可以指导学生闭上眼睛，在脑海中重现刚刚阅读的内容，之后，指导学生根据自己对文章内容的感悟进行仿写。

（四）创意写作，提升优化

高中英语写作教学旨在培育学生的想象力，使学生的作文更有深度、有创意，从而磨炼与提升学生的英语写作技巧。此举同时为学生提供了英语阅读的新视角，当学生的阅读量积累到一定程度时，教师应巧妙地引导他们基于阅读的文章进行创意写作，这不仅是对学生内在潜力的挖掘，更是推动其写作水平跃上新台阶的契机。

以“吃与生活方式”这一教学主题为例，教师可以鼓励学生从日常生活中寻找灵感，让他们以亲身经历或观察的情景为基础，创作一篇作文。这样的教学方式，一方面能够使学生立足现实，从生活点滴中寻找写作素材；另一方面，也促使他们挣脱现实的束缚，借助丰富的想象力构建作文的骨架。有的学生可能从“爸爸的不良生活方式”这一角度切入，深入剖析不良习惯对人身体健康的潜在威胁；而有的学生则选择从正面出发，探讨健康生活的方式。无论学生怎样创作，只要学生的作文富有见地，教师都应给予充分认可，鼓励他们积极创作。

二、高中英语写作的重要性

听、说、读、写无疑是学生学习英语时必须掌握的四项基本技能。这四项基本技能不仅是高中英语教学的核心目标，也是每一位学子在英语学习中不断磨砺的方向。其中，写作技能尤为关键，它不仅是测试学生知识掌握程度的试金石，更是对学生综合语言能力和语言技巧应用水平的全面检验。写作这一技能是学生将所学知识融会贯通，再通过文字形式表达出来的过程。它不仅展现了学生的综合语言知识与能力，也是学生在高中阶段面临的最具挑战性的英语学习任务。实际上，写作集中体现了一个人的综合语言运用能力，它最能展示一个人的语言功底与水平。英语写作是英语书面语言的一种表达形式，其独特之处在于它能够使学生给予语言形式更多关注，检验学生对所学目标语言的实际运用效果。同时，写作还能使学生有意识地运用英语进行反思，从而帮助其更好地消化和吸收英语知识。这一过程，无疑为学生打开了一扇通往英语殿堂的大门。

写作水平是衡量学生对英语知识掌握程度的重要指标，在学生学习英语的过程中，学生主要通过听、说、读、写这四个基本环节，逐步构建起自己的语言体系。如今，除了口语水平，写作水平也能体现一个学生的英语水平，英语水平较高的学生能够用书面英语清晰、有力地阐述自己的观点和见解。听与读是学生获取英语知识的两种途径，本质上体现了学生理解和接受信息的技能是否精进，代表着学生的接受性语言能力程度如何，而说与写则是学生利用英语表达思想、传递情感的重要方式，代表着学生的表达性语言能力强弱。尤其是写作，它不仅有助于巩固和提升学生的英语表达能力，更是对教师英语教学水平与质量的重要检验方式。因此，强化高中英语写作教学对于高中英语教学来说，具有深远的影响。

而今教育界对学生英语写作能力的要求日益严格，特别注重考量学生在写作中实际应用英语的能力。高中英语写作教学的核心任务是增强学生的学习积极性，全方位地发展他们的语言应用能力，保证他们掌握英语写作的基本技巧，提高学生的英语写作能力。

三、实施高中英语读写结合教学策略的可能性

调查发现，绝大多数教师和学生对读写结合的教学方式持有相当积极的态度，这使教师实施读写结合教学策略拥有了更大的可能性。

对于学生来说，他们普遍渴望在英语写作上得到教师的专业指导，同时也展现出极高的主动性，愿意通过英语阅读来提升自己的英语写作水平。令人欣喜的是，已有不少学生能够将课文中汲取的词汇和句型巧妙地融入自己的英语作文中，这充分证明了英语阅读对英语写作的促进作用，这也使他们更加坚信“以读促写”的学习理念。

对于教师来说，部分教师已经具备了读写结合的教学意识，并勇敢地进行了尝试。这足以说明，多数教师认为读写结合的教学方式对高中英语写作教学具有

积极作用。然而，他们也坦言，如何具体实施、组织这一教学策略等问题仍然困扰着他们。特别是对于一些写作基础较为薄弱的学生来说，他们难免担忧这种教学策略是否能够有效地指导他们的英语写作，这无疑也对教师未来的教学工作提出了更高的要求。

四、高中英语读写结合的必要性

通过上文不难发现，开展高中英语读写结合的教学工作显得尤为必要。

（一）通过阅读的输入，搭建写作的基础

一些学生知道英语写作能力非常重要。然而，他们容易因对写作无从下手而心生畏惧，这种对写作的恐惧感让他们难以领略到写作的乐趣。并且，英语写作能力的提升并非一蹴而就，也并非仅仅模仿几篇范文便可实现能力提升。

外国有学者曾说过："Good writing skills usually develop from extensive reading, some specific training, and a good deal of practice."这句话为学生提高写作能力指明了方向，阅读如同为写作播撒了种子，能为其提供源源不断的养分。教师应通过阅读的输入为学生搭建写作的基础，应该鼓励学生多读书、读好书，通过阅读汲取养分，丰富自己的内心世界。在此基础上，教师要引导学生多进行模仿写作，通过实践来提升自己的写作能力。只要用心去读，用心去写，学生便不再会惧怕写作，而是能够从中感受到写作带来的乐趣与成就感。

（二）通过读写结合培养学生的写作习惯

部分学生在日常的学习中疏于写作练笔，这种现象致使他们片面地将写作视为一种考试负担。教师在高中英语写作教学中的教学方式和评价手段同样会对学生造成不可忽视的影响。如果教师使用过于单一的教学方式和评价手段，会让学生难以感受到写作的乐趣与魅力。因此，为了引导学生更好地体验和享受写作的过程，教师应当通过阅读来点燃他们内心想要表达的欲望，进而鼓励他们将这份表达欲望转化为笔下的文字。教师要通过读写结合培养学生的写作习惯，常态化的写作训练应当与日常的教学活动紧密相连，让学生在日常的学习生活中自然而然地养成写作的习惯。这样，学生便能够逐渐将写作视为一种表达自我、抒发情感的方式，而非仅仅是考试的要求和学习的负担。

第三节　高中英语读写结合的教学策略

一、灵活教学，培养学生的多样思维

教师应灵活教学，培养学生的多样思维。在完成北师大版高中英语必修第三册教科书中第八单元第一课 *Roots and Shoots* 的教学之后，教师要按照以往写作模式给学生布置写作任务，让学生撰写呼吁环境保护的倡议书，告知学生评分标准是根据词汇、句型的丰富程度，语言准确性、逻辑性和交际性四个维度进行打分，并告知学生每项评分标准的权重。结合人工智能技术和教师人工共同批阅，最后得出学生的初稿作文前测成绩。

（一）读写关联性分析

教师针对学生初稿作文所反映的问题，进行以读促写干预。在阅读之前，教师应组织学生对环保有关的单元词汇进行复习，针对“环境问题是什么”“为什么保护环境”“怎么样保护环境”三个问题，梳理并概括关于北师大版高中英语必修第三册教科书中第八单元 *Green living* 和北师大版高中英语必修第二册教科书中第五单元 *Human and Nature* 的单元词汇和相关表达。这种自下而上的教学能够帮助英语基础较为薄弱的学生扫清词汇障碍，熟悉“人与自然”的相关话题词汇。在传统教学之后，教师引导学生再次着重关注北师大版高中英语必修第三册教科书中第八单元第一课 *Roots and Shoots* 这个语篇，从倡议书写作的其他要素如语言表达、篇章结构、语言特点和写作意图等进行读写关联性分析。阅读清单如表 6-3-1 所示，清单上明确列出阅读是如何促进写作的。

表 6-3-1　阅读清单

语言表达	1. 引出主题的例子（Leave the tap running while you brush your teeth...）。 2. 阐明环境保护的意义： ①个人主义的问题(Millions of gallons of water would be wasted...And all of this would be very harmful.)； ②个人的重要性(Every individual matters.Every individual has a role to play.Every individual make a difference...)； ③人与自然关系(Nature is our home and we should protect it...)。 3. 论述环境保护的措施(To inspire young people to take action for the environment, Roots & Shoots was established...)

续表

篇章结构 语言特点	引入、具体内容、结尾、中心句、逻辑性、连贯性、时态、语态、清晰性、紧凑性、技巧
写作意图	说服
主题	批判个人主义，进而引出环保组织“根与茎”，最后引导学生意识到个人的作用，增强责任意识和社会担当

然而，仅仅依靠教科书上阅读材料有限的输入很难最终使学生完成大量有效性输出。因此教师应适当为学生探讨同话题的其他相关资源，大量输入能够提高读、写主题词汇的复现频次，加深学生对读、写主题意义的理解，最终提高学生写作输出的效率和质量。所以教师在引领学生再次阅读北师大版高中英语必修第三册教科书中第八单元第一课 *Roots and Shoots* 之后，可以适当为学生补充有关环境保护原因和措施的视频，补充关于珍妮·古道尔（Jane Goodall）对根与芽组织的理解。通过大量、连续性输入有效提高关于“环境保护原因和措施”的语言暴露频次，这有利于提升学生的在语言表达能力和思维层次。与此同时，这样的教学能让学生增强自身的责任意识，批判个人主义，意识到个人对社会的影响，进而在潜移默化中对学生进行德育教育，有效落实立德树人的目标。

（二）写作指导

教师应该参与学生的整个写作过程，积极为学生提供写作指导帮助他们解决不同阶段遇到的问题，而不仅仅是批改学生作文中的错误。有学者总结了学生在写作中所面临的问题，包括不知道如何根据写作任务写作、不会或不擅长用英语进行思考导致文化差异错误和语言错误、不知道在不同语境下怎样选择合适的语言以及不知道该如何处理逻辑性的问题。为了帮助学生解决这些问题，教师可以采用自上而下的读写交互模式教学指导学生进行写作。具体流程及写作评价表如表 6–3–2、表 6–3–3 所示。

表 6-3-2　自上而下的读写交互模式教学流程清单

1. 审题	教师与学生共同审题，明确文章体裁（应用文——倡议书）和写作核心内容（环境保护原因和措施）
2. 提纲	教师引导学生根据写作任务拟定作文结构提纲，作文第一部分为介绍部分，介绍一个具体人类破坏环境的行为，进而引出写作主旨；第二部分为主体部分，环境保护的原因及措施；第三部分是结尾，呼吁更多人保护环境

续表

3. 草稿	教师引导学生根据提纲遣词造句，创作作文； ①学生要通过表述“Just-me-iam”的定义并讨论其具体危害，阐述学生自身对动物学专家珍妮·古道尔教授名言的理解，并结合学生已有的认知水平和语言引出倡议书中有关环境保护重要性的语言表达；通过介绍根与芽组织的创建初衷及其社会贡献，引出环境保护的措施的语言表达方式和意义）； ②借鉴衔接连贯（学生要先写出主题句，然后写出细节支撑句，学生列举理由和建议时，注意使用逻辑连词）； ③借鉴以往语言水平（关于原因表达和提建议的句型）
4. 修改	教师组织学生对照写作评价表从内容、语言和结构三个维度进行自评、同学互评、修改完善作文
5. 评价	教师组织学生评出小组内最好的作文并说明理由，最后进行小组展示

表 6-3-3　写作评价表

	Excellent	Good	Average	Improvement
content	a human behavior that damage the environment			
	the purpose the meaning of content protecting environment			
	approve of protecting environment			
	using parallel structures			
Language	your spelling of words and tense containing greeting and signature			
	using topic sentences			
structure	using logical linking words			

教师通过以上教学流程和写作评价量表，明确了学生写作过程中写什么、怎么写、怎么评价的问题。学生完成初稿和终稿，积累了写作经验，有利于学生提升其写作能力。

通过自上而下的读写交互模式教学，教师可以在高中英语写作教学中及时为学生提供写作指导，起到引导学生思考和解决问题的作用。教师可以帮助学生明确写作任务，为学生提供相关的学习资源和参考资料，引导学生对写作内容进行深入思考。同时，教师也可以指导学生在不同的语境下选择合适的表达方式，帮助他们提高语言表达的准确性和流畅性。此外，教师还可以培养学生的逻辑思维和教授学生组织写作内容的技巧，帮助学生处理好应用文写作的逻辑性，使学生的作文更加连贯和有条理。

（三）前测与后测研究

这项研究采用了定量和定性相结合的方法，通过收集教师进行读写互动模式教学的前测和后测的数据，进行对比实验，并使用相关软件对这些数据进行分析，得出以下研究结果，如表6–3–4所示。

表6-3-4　研究结果

项目	平均分	标准差	t	P
前测	75.35	6.063	2.965	0.004
后测	82.18	7.531		

前测班得知平均分为75.35，经过读写互动模式教学后，后测得知班级平均分为82.18，提高了6.83分。P=0.004 < 0.005，说明在经过读写交互模式教学之后，该班级学生的英语平均分明显提高，并存在显著差异。与此同时，根据学生学情共性分析，学生语言错误数量减少。此外，学生开始有意识添加主旨句和逻辑衔接词，使行文逻辑更加紧密。学生也注意到了应用文写作的格式和交际性，如学生会添加称呼和署名、增加倡议书的交际作用（呼吁更多人行动起来保护保护环境）等。

在经历两周的读写交互模式教学之后，教师可以发现学生在平均分、语言丰富程度、语言准确性和作文逻辑性上都有较大提升。教师可以通过自上而下的读写交互模式教学帮助学生解决写作中的问题，这样的教学可以提高学生的写作能力，帮助他们能够更好地应对写作题目。

高中英语读写交互模式教学确实有许多优点，通过阅读和写作相结合的方式，学生能够更深入地理解英语知识，并提高其阅读和写作能力，进而提高学生的整体语言水平。此外，这种教学注重学生的自主探究，通过阅读和写作的过程，培养学生对英语学习的兴趣，同时提升学生的自主学习能力和思考能力，进而提高学生的终身学习能力。

虽然本研究存在一些不足之处，如被试样本过少、缺少对照组和实验时间偏短等问题。这些问题确实可能限制了研究的可靠性和广泛适用性，但本研究可以证明，读写交互模式教学能够帮助学生提高英语阅读和英语写作能力，并培养学生的综合语言运用能力。

除了要培养学生的语言能力，读写交互模式教学也要注重培养学生的道德素养和社会责任感。通过学习英语文学作品、社会话题和文化背景，学生可以更深入地了解不同文化中的价值观和道德观念。同时，读写交互模式教学也可以通过讨论和辩论等教学活动，引导学生思考和探讨一些道德和伦理问题。这样的教学有利于帮助学生形成正确的道德观念和价值观，并培养他们的社会责任感，进而使他们成为有担当和合作精神的公民。

二、基于单元语篇关联设计读写结合教学策略

教师要分析单元中的写作范例语篇为学生提供了哪些方面的支架，确定其与学生写作任务的结合点，同时分析单元中的写作范例语篇和单元其他阅读语篇在主题内容、词汇、语法、语篇知识、文化知识等方面的关联点，明确不同单元语篇对于学生完成写作任务的不同价值，在阅读中设计具有关联性、实践性的学习活动，基于单元语篇关联设计读写结合教学策略，为学生在写作中实现迁移创新做好铺垫。

例如，北师大版高中英语必修第二册教科书中第六单元 *The Admirable* 有两个主要阅读语篇，第一课的阅读语篇 *A Medical Pioneer* 是一篇关于诺贝尔医学奖获得者屠呦呦发现青蒿素及其影响的专题报道，第三课的阅读语篇 *The Superhero Behind Superman* 介绍了超人扮演者克里斯托弗 · 里夫（Christopher Reeve）从马上摔下致残后仍积极贡献社会的故事。

Writing Workshop 板块 *A Summary* 部分的写作范例语篇是 *A Medical Pioneer* 的概要，而教师规定的写作任务是让学生模仿范例为 *The Superhero Behind Superman* 写一篇概要。

教师要对单元中的阅读语篇及写作范例语篇进行关联分析：*A Medical Pioneer* 与写作范例语篇都围绕屠呦呦作为医学先锋这一主题，内容紧密相关，为写作范例提供了主题信息和语言支架。此外，写作范例语篇为学生完成写作任务提供了结构框架及写作策略支架，能够解决学生没有撰写人物传记的经验，不会在概要中基于主题意义表现重点内容等问题。

然而，该写作范例语篇缺乏学生完成写作任务所需的相应主题内容及语言表达方式，这需要教师在第三课的阅读教学中进行补充。基于单元语篇关联分析以及学情分析，教师在单元教学中设计了自主尝试概要写作、对比范例改进概要写作、迁移运用完成新主题概要写作的读写结合教学策略。

学生先获取和梳理所阅读的第一课主题人物的关键信息并进行概括表达，尝试完成对 *A Medical Pioneer* 的概要写作，而后与教材中的写作范例语篇进行对比分析后修改自己的作文，最后迁移运用所学，完成 *The Superhero Behind Superman*

的概要写作。

本案例中，教师设计的读写结合教学活动如下。

活动1：由问题链引领学生进行整体阅读，明确重点内容。

教师引导学生探究第一课语篇的主题意义，围绕屠呦呦发现青蒿素的艰难过程、原因以及对人类的贡献等设计问题链，由问题链引领学生进行整体阅读，使学生聚焦语篇的重点内容，如“Tu Youyou bravely volunteered to be the first human subject when they were ready to start testing and the rest of her team followed her.”引导学生感知理解本单元重点语法项目定语从句，帮助学生实现语言和思维协同发展。

问题链设计如下。

① Who is Tu Youyou?

② Why was she awarded the Nobel Prize?

③ How did she make the discovery?

追问：

① What was the discovery process?

② What difficulties did she meet?

③ What qualities has she shown?

④ What achievements (fame, honor, influence) has she made?

⑤ Why is she regarded as a medical pioneer?

活动2：自主复述，表达与评价。

第一步：师生互动讨论。

师生互动讨论，确定聚焦屠呦呦成功发现青蒿素的艰辛过程、原因以及影响的第三和第四两个段落为复述语篇主题需要参考的重点内容。

第二步：学生自主进行复述实践。

第三步：学生复述展示，教师评价与引导。

复述评价标准：学生复述内容应聚焦于语篇主题的重点方面，语言概括要尽量简洁。此外，教师要注重捕捉并利用学生的语言生成。例如，有学生在复述时对语篇内容进行了整合概括，教师要及时给予学生反馈和点评，并示范如何在概括一个段落内容的基础上整合概括一部分内容，为后续组织学生进行概要写作输出活动做好铺垫。

活动3：写作输出。

活动4：作文对比分析，反思并改进。

第一步：全班分享、讨论。

教师选择不同水平学生的作文，让全班学生进行分析评价，探讨概要写作的评价标准；而后让学生阅读教材 Writing Workshop 板块中的写作范例语篇，总结归纳概要写作策略。

第二步：自我评价，反思改进。

教师引导学生对照写作范例语篇，反思如何修改自己的作文。有时教师会关注写作评价形式及内容设计，却没有提供优秀的写作范例语篇供学生参考和对比，学生只是凭感觉主观判断如何修改自己的作文，此时学生多从词汇、语法是否正确或者内容是否有新意等方面对自己的作文进行散点式评价，这样的评价过程对提升学生的写作能力帮助不大。本案例中，教师设计多轮具有关联性的概要写作活动，引导学生将自己的作文与同学的作文以及教科书中的写作范例语篇进行对比，从而使学生明确具体的写作改进策略，有利于提升学生的学习能力和培养学生的思维品质。

活动 5：在嵌入式阅读基础上使学生实现迁移创新。

学生带着概要写作任务通读阅读语篇 *The Superhero Behind Superman*，师生讨论聚焦在“Superhero 主题下的概要写作重点是哪几个段落？”“如何整合语篇内容进行概要表达？”等问题上。进而，教师布置概要写作任务：

完成阅读语篇 *The Superhero Behind Superman* 的概要写作。

本案例中，针对第三课的阅读语篇，教师没有采用引导学生整体理解阅读语篇、逐段阅读、回答问题、进行复述的教学策略，而是以该阅读语篇为学生强化本单元知识、发展的概要写作能力的载体，引导学生建立单元语篇关联意识，提升学生按照主题意义筛选、梳理阅读语篇主题内容重点的意识以及整合概括语段、语篇内容并表达的能力。这种围绕写作能力培养目标，基于单元语篇关联设计的读写结合教学策略，有利于解决高中英语教科书单元语篇数量较多、篇幅较长，学生只是泛泛地学习理解，写作时却无法迁移运用所学的问题。

教师应从学生写作能力连贯性与进阶发展的全局视角出发，精心设计并系统规划基于单元语篇关联设计的读写结合教学策略。这要求教师对单元内的阅读语篇及写作范例语篇进行细致且全面的整体分析，深入挖掘它们之间的内在联系与潜在的利用价值，进而对他们进行有机整合与高效利用。在主题语境的引领下，教师应设计多轮富有层次与深度的读写结合教学活动。

在学生学习语篇前，教师可以引导学生简要地记录关于单元主题或单元语篇内容的已知与未知项，鼓励他们表达自身的探索欲望和疑问。在单元语篇学习结束后，教师可以引导学生用几句话来总结自己对单元语篇内容的评价，分享学习的主要收获。更进一步，学生可以根据这些学习收获，反思并修改、完善自己在单元语篇学习前所写的内容，形成一个完整的闭环学习体系。

三、基于读后续写能力提升的读写结合教学策略

（一）教学分析

1. 教材分析部分

例如，在某试卷中，有一篇这样的文章，标题是“Arthur 被误认为了劫匪”。该文章主要讲述了 Arthur 在上班路上遇到了一个年轻人，该年轻人在银行门口停留是因为他的汽车不能正常启动了，Arthur 主动为年轻人提供了帮助，并且帮助年轻人将重物搬到了出租车上。但是，此时警报声响起来了，众人认为他是一个抢劫犯，他抢劫了银行。其实，这篇文章的故事情节不是很复杂，词语也比较容易理解，这样就比较容易抓住学生的心理，让学生对这篇文章抱有更大的阅读兴趣。

2. 学生分析部分

在读后续写题型分析过程中，学生不仅要深入理解文章，更要对文章进行分析形成独到且深刻的见解。此外，良好的写作能力亦是不容忽视的，拥有良好写作能力的学生能够在阅读完文章后根据其故事情节与内容，巧妙地构思并流畅地续写出新的故事。然而，在实际进行读后续写时，部分学生遇到了一些困难。这部分学生的单词储备量相对较少，语言组织能力不强。为了有效应对这些问题，教师有必要深入分析这部分学生的实际情况，并针对他们的薄弱环节，改良与优化自身的教学模式。

3. 教学目标分析部分

高中英语引入读后续写教学模式旨在实现三大核心目标：第一，着重帮助学生深入领悟文章的主题，引导他们将关注点转向那些关键的词汇和短语，从而帮助他们更全面地理解文章的内涵；第二，使学生根据自己的理解去发掘文章中的悬念，进而找到读后续写故事情节的切入点，让故事得以自然地延续；第三，强调读后续写部分与文章原文之间的连贯性，确保整个故事的叙述逻辑能够紧密衔接，学生读后续写部分的情节发展应具有明确的针对性和层次性，让读者能够沉浸于一个完整、流畅的故事世界中。

（二）读后续写在高中英语教学中的应用

读后续写在高中英语教学中被广泛应用，它不仅有助于提高学生的英语写作能力，还有利于培养学生阅读理解、词汇积累和语言运用等多种技能的发展。在读后续写中，阅读能力无疑是最为关键的能力，因此，教师应注重提高学生对阅读文章内容的理解程度，让学生感受阅读的魅力，引起他们继续探索英语阅读与写作的兴趣。此外，在高中英语阅读教学的全过程，教师可以引导学生采用粗读与细读相结合的方式去阅读文章，让学生理解作者的意图和主要表达思路，进而明确读后续写的主题。教师应鼓励学生复述关键内容，这不仅能让学生更深入地理解文章，还能促进阅读与读后续写之间的自然衔接，为学生后续的读后续写奠定坚实的基础。

1. 理解文章结构

在引导学生进行读后续写之前，教师通常会引导学生先对给定的文章进行详尽的阅读。这类文章多数情况下都属于记叙文体，笔者前文引用的就是一篇典型的记叙类文章。文章叙述了 Arthur 出于善意帮助他人提箱子，却不料被误解为银行抢劫犯的曲折经历。在实际的高中英语教学中，教师应将阅读与写作结合起来进行教学，读后续写中教师最重要的任务是引导学生深入解读文章，通过带领学生仔细阅读文章，帮助学生找出关键词句，为学生的读后续写奠定基础。在整个仔细阅读过程中，教师还需要帮助学生理解文章结构，确保他们能够准确捕捉文章的核心要点。

2. 确定读后续写方向

读后续写的前提是教师先引导学生找出文章的悬念，确定读后续写方向，以此增强学生内心的创作冲动，鼓励他们发散思维。然而，教师需要让学生明白，写作并非随意涂鸦，而是需要以严谨的逻辑思维为支撑，进行合理的创作。为了使读后续写内容具有逻辑性，学生必须深入剖析文章的内容。因此，在实际的阅读理解过程中，教师应担当起引导者的角色，引导学生深入剖析文章的段首或段尾，领悟其在文章结构中的纽带作用以及让学生理解它们如何引领整个文章的走向，使学生更好地把握写作的方向，让他们读后续写的内容更贴合文章原文的逻辑。

3. 列读后续写大纲

教师要引导学生关注文章中的核心词汇，关注这些词汇与上下文之间的微妙联系。这样可以帮助学生列出一个清晰且连贯的读后续写大纲，学生可以根据这份大纲完成续写。在学生列读后续写大纲时，教师需强调两个要点：第一，读后续写大纲的长度要适中，避免过于冗长；第二，读后续写大纲的表述要简洁明了，避免使用复杂的句式和词汇。

四、通过深度阅读教学策略，实现“以读促写”

指向深度阅读教学的高中英语阅读教学策略要求教师做好以下几点：一是做好学情分析，不要认为深度阅读教学只适合英语基础较为扎实的学生。结合学生实际，对学生进行全面分析，是教师实现深度阅读教学目标、提高深度阅读教学效率的前提和保证。二是要深度把握文章，教师要通过各种渠道收集与文章有关的材料，扎实备课，吃透文章，理解文章内容及文章涉及的知识，并在此基础上整合、重构知识内容，指导学生运用各种学习策略对文章进行有效阅读。三是以阶梯进阶方式设计问题链，教师在设置问题时，应把问题链中的前一个问题当作后一个问题的条件或铺垫。四是要设计具有挑战性的学习内容，让学生在学习中不断进步。五是坚持持续性评价原则。

指向深度学习发生机制的有三点：一是情景诱发，也就是引入从生活情景中来，课堂结束的升华也是延伸到生活情景中去。二是活动体验，教师一定要让学生在活动体验中获得收获而不是由教师直接给出经验。三是问题解决，教师要为学生创设问题情境，让学生在情境中解决问题。

教师在进行北师大版高中英语选择性必修第四册教科书中第十一单元 *Lesson1 Living in a community* 第二篇课文 *Grandpa arrested after one shower too many* 的教学时，教师可以通过应用深度阅读教学策略，实现“以读促写”。

第一步：导入。

以图片的形式引入：Q：What are they doing？（以动物互相攻击引入 conflict）

S：fighting.

T：What are they fighting for? Maybe they are fighting for?

S：mates，food，leadership...

T：How do you think they can resolve their conflicts?

T：If we want win win resolution，we need to compromise a little. What is compromise?Taking a step forward or taking a step backward?

第二步：课前阅读。

活动 1：展现学生的自己的论点，随机找学生读；教师挑出四种论点，总结生活里常见的容易与他人产生冲突的人，引出本堂课要谈论的主题即邻居之间的冲突。

活动 2：教师询问学生是否有和邻居发生冲突的经验，学生分享相关经验。

活动 3：师生讨论、看图片和标题猜测本文内容。

第三步：阅读活动。

活动 1：讨论。

教师组织学生利用两分钟阅读，阅读结束后互相讨论，讨论结束后学生自己总结发言。

活动 2：根据时间轴画出他们产生冲突的过程。

绘图完成之后，学生上台分享他们画出的过程。

第四步：与伙伴批判性思维思考：什么原则导致了他们的冲突。

这里并不是从这个事件分析事实性的原因，而是让学生思考根本上的原因。学生说了以下几个层面的原因：①没有站在对方角度考虑。②缺乏交流。③代沟。④金钱原因。

第五步：听专家意见记笔记。

学生听专家是如何给出解决冲突的策略的，并在听的过程写下关键词，教师检测学生听到的内容是否全面。

第六步：小组合作。

教师引导学生讨论，如果你是詹姆斯 · 劳伦斯或基思，你会怎么解决这个冲突？让学生写下他们的意见。（文章里的解决办法就是老人冲上去把年轻人打了一顿，这里的亮点就是能不能基于专家给出的解决冲突的策略去解决实际问题，修改文章结局，让学生在情境中解决问题。让学生学会方法论而不只是方法，这一步也属于教师培养学生思维的过程。）

五、高中英语读写结合案例

【教学案例】

选用北师大版高中英语必修第一册教科书中第三单元 *Celebrations* 阅读语篇为教学案例授课教材。

（一）文章分析

本课文章由介绍中秋节、元宵节和端午节的三篇说明文构成，文章提供三幅插图供学生匹配其内容；三篇文章的字数分别为103，160，100；重点词汇有occasion，traditional，include，take part in等；被动语态这一语法现象在文中被突出展现出来。在人与社会的主题语境之下，文章以中华民族文化习俗和传统节日这一子主题切入，引导学生关注中华传统节日的农历时节、传统习俗、文化价值和预言传说等相关内容。

这三则文章扼要精悍、内容清晰明了、话题贴合生活、词汇准确鲜活、语法规范地道，均可作为高中生描述节日的说明文范本。

（二）学情分析

在课题研究过程中，学生已逐步完成了相关任务，充分认同并逐步实践着读写结合融合思维训练的学习模式。大部分学生对该模式的核心有所领悟，对其内容架构也较为熟悉，同时具备基础的思维品质。然而，部分学生书面表达的准确性和得体性、综合语言能力、问题解决与决策能力以及批判思维等都有待提升。

（三）教学目标

①让学生把握传统节日的主题意义，使学生能够获取和概括描述节日所涉及的时间、习俗、起源和文化价值等方面的信息，并绘制思维导图。

②使学生能够明确说明文的文体特征、分析说明文的语言特点、明确其写作策略并提炼和梳理描写节日的恰当词汇、常用句型与惯用语态。

③使学生能够融汇阅读的输入所得，选取适合的方面、运用恰当的语言、有逻辑且有条理地创作一篇介绍春节的说明文。

（四）教学重难点

学生能整合描写节日所涉及的四个主要层面与基于说明文特征之上的相关词汇、句型和语态，在新的情境中以书面形式写作一篇描写春节的说明文。

节日的文化价值和起源传说、对比和总结概括等写作策略；书面表达的语言准确性和逻辑清晰度也是教学的重难点，特别值得教师关注。另外，贯穿整个阅读体验和书面表达始末的思维能力，尤其是对学生高阶思维品质的训练亦是教学重难点。

（五）教学过程

第一步：智力拼图。

每位同学桌上摆放有一个信封，其中存放九张彩纸，包括三篇文章、三幅图片和三个季节名称。

T：Could you please open the envelope and match three passages with three seasons and pictures in it?

随后，教师请同学展示智力拼图结果并简要描述。

【设计意图】智力拼图的游戏形式既富有神秘感，又充满趣味性，也具备一定的思维挑战度。为完成匹配，学生已对文章进行了初次速览。与此同时，教师也可以自然有效地引出主题。

第二步：阅读总结。

阅读三篇文章并思考：What aspects does the passages include to describe a festival? Please draw a mind map to show the main aspects.

为降低难度，教师将全班分为三组，每组分别绘制一个节日相关要素的思维导图。其中 activity 和 food 两个层面较容易，但大部分学生无法将其概括为 customs；不少学生起初表述为 month/season，而后进一步总结为 date/time；另外两个层面难度更大，有些同学提炼出 importance/meaning/cultural value 和 story/history/legend/origin 等词，均可作为参考。总结可知，描写节日涉及的四个主要层面：time，origin，customs（food and activities）和 value。

第三步：阅读分析。

T：Read the passages and find out useful words，phrases，sentence patterns and writing skills to describe festivals.

教师将全班学生分为两组，第一组分析提取出与描写节日相关的惯用表达；另一组总结描写节日的说明文中常见语态、从句类型和写作策略。

【设计意图】教师引导学生首遍阅读文章，把握主题意义，体味文体特征，在绘制思维导图的过程中提炼节日描写所涉及的四大要素；教师引导学生再次阅读文章，把握文章的语言特点，分析可被用于描写节日的实用词组、语态、从句类型和写作策略等。两次阅读任务各自具有进阶性难度，对于文化价值和起源传说的概括以及对于对比写作策略的总结是教师在深层阅读的基础上有效培养学生高阶思维能力的体现。本环节与思维训练相互融合，为写作做好铺垫。

第四步：讨论分享。

T：The three passages cover three festivals in three seasons. Which season is missing?

Ss：Spring.

T：Which traditional festival marks the beginning of spring in China?

Ss：The Spring Festival!

随后教师为学生播放动画短视频（涉及春节习俗、起源传说和文化意义等）并请学生在观赏视频之后结合生活实际，同桌之间由前文总结的描写节日涉及的四个层面为引，对春节进行交流讨论。

【设计意图】在阅读输入之后为学生补充视频输入，进一步激活学生脑海中的相关背景知识和经验储备，以学生之间交流合作的口头输出形式为学生最终的写作输出搭建支架。

第五步：写作与评价。

T：Here is a letter from Matthew, a 16-year-old teenager from America.Now read the letter, please.（如图 6-3-1 所示）

Dear friends in China,

This is Matthew, a senior high school student from America. Recently, I become curious about every thing to do with Chinese culture. I know the Spring Festival is the most important festival in your country. Could you please tell me more about it? Thanks!

All the best!

Yours,

Matthew

图 6-3-1　信件

T：Could you please reply the letter to Matthew? Write a letter in about 120 words, introducing the Spring Festival.You' d better cover the four aspects we' ve talked about. The useful expressions recommended on the screen may help you. If you can use the Passive Voice, the Attributive Clause and the writing strategy of contrast, it will be better!

写作完成之后，如表 6-3-5 所示，学生就相关要素对作文进行自评与互评。

表 6-3-1　自评与互评表

Assessment									
Criteria	Self			Peer1			Peer2		
	A	B	C	A	B	C	A	B	C
Have a neat handwriting?									
Develop in a logical and smooth way?									
Cover the four aspects?									
Use useful expressions recommended?									
Use the Passive Voice?									
Use the Attributive Clause?									
Use the writing strategy: contrast?									
Does anything need improving?									

教师选取一则优秀作文进行分享。

【设计意图】为满足新的交际需求，学生结合描写节日涉及的四个层面，依照自己的思维线索，使用恰当词汇、合适句型和写作策略进行书面表达。写作输出环节有效地训练了学生思维的逻辑性与创造性。教师通过提问和反馈以及自评与互评相结合，使学生成为评价的主体，以期实现以评促教，以评促学。

第六步：布置任务。

① Polish the letter based on the assessment and what you' ve learnt from the class.

② Send your letter to Matthew's email address: mathewlynnfield@gmail.com.

结合语言输入说和输出假设理论，教师本教学设计包含：三次阅读输入、一则视频输入、一次口头输出、一篇笔头输出。语言输出为学生提供尝试、反思和校验的机会。输入与输出相互促进，协同发展。

第四节　高中英语读写结合的教学模式

随着社会日益重视对高中英语读写结合的教学模式，教育界开展的相关研究也越来越多，在高中英语读写结合的教学实践领域出现了许多不同的教学流派，国内外的专家、学者也基于理论基础对高中英语读写结合的教学模式展开了各类探索。

一、自主学习模式

在高中英语读写结合教学模式的发展过程中，自主学习模式占据了举足轻重的地位。在此模式中，读写技能为学生提供了扎实的语言基础，而自主学习则作为该模式的延伸，进一步深化了学生对语言知识的理解。两者相辅相成，共同推动高中英语读写结合教学模式的发展，有利于全面提升学生的英语综合应用能力，特别是读写能力，也有望帮助教师取得更为卓越的教学效果。

（一）自主学习模式的应用原则

在应用自主学习模式时，教师必须恪守一系列原则。

1. 循序渐进原则

循序渐进原则的核心在于教师如何掌握教学过程，教师应通过恰当的教学方法，分阶段、系统地提升学生的读写能力，以下是笔者对实际应用该原则的几点建议。

①教师应帮助学生建立自信心，使学生实现情感上的自主，从而有效增强学生学习高中英语读写的内在动力。

②在的高中英语读写结合的教学模式实践中，教师应当充当引导者的角色，引导学生以积极的态度投入学习中去，最大限度地发挥他们的主观能动性和创新精神。同时，教师还需要激励学生进行自我监控和自我调节，使他们养成独立自主的学习习惯，能够独立驾驭英语阅读和英语写作的技巧、步调和进程。

③在读写结合的教学过程中，教师应当给予学生充足的自主学习时间和广阔的探索空间，鼓励学生勇敢地迈出自主学习的步伐。学生应借助自身的感知能力，积极投身于实际体验、细致观察和深入分析中，以主动的态度去学习知识，进而提升自身的自主学习能力。随着时间的推移，学生将逐渐减少对教师的依赖，更加自信地面对学习的挑战，最终真正养成自主学习的习惯。

2. 创设良好氛围原则

创设良好的氛围对于塑造学生自主学习能力的重要性不言而喻，特别是在推行高中英语读写结合教学模式的过程中，教师更是需要巧妙地创设良好氛围，以达到事半功倍的教学效果。

①在教学过程中，教师应坚守民主教育的核心理念，充分尊重学生的主体地位得到充分尊重。此外，教师在设计教学活动时，应当致力于引起学生的阅读兴趣，培养他们独立写作的能力。

②在教学过程中，教师应积极引导学生自主开展英语读写学习。这要求教师

深入理解并尊重学生的认知规律与认知水平，以培养他们的思维品质为出发点，巧妙地设计问题，引起学生的学习兴趣。

3. 自我调控原则

在高中英语读写教学过程中，对学生自我调控能力的培养无疑占据了举足轻重的地位。教师要培养学生的自我调控能力，就需要教师具备深厚的洞察力和个性化的教学方法。教师需要根据每位学生的差异，展开一系列富有针对性和连贯性的培养与训练。具体来讲，教师应着重关注以下几个重点。

①教师在教导学生的过程中，应引导他们从被动的学习态度转变为主动的学习态度。教师要帮助学生解决英语读写中遇到的种种难题，引起他们对英语读写的兴趣，使他们积极投入高中英语读写学习中。

②制订一份合适的学习计划对学生而言至关重要，教师需要让他们在读写开始前就制订科学、合理的学习计划。这样不仅能帮助学生养成良好的阅读、写作和思考习惯，还能提升他们自我调控的能力，让他们在学习过程中更加自律、有序。

③教师还应该教授学生如何对读写学习过程进行反思和总结，引导学生找出自己在读写过程中的优点和不足，并据此合理调整他们的学习方法和学习策略，这样的做法有助于增强学生的自我意识。

4. 增加词汇积累量原则

在英语读写结合教学中，增加学生的词汇累积量对于提升教师的教学成效与优化学生的读写学习效果而言能起到积极作用。一旦学生积累了充足的词汇量，他们便能更加自如地进行自主阅读和写作活动，从而实现学会更多知识，提升相关能力。显然，词汇积累量不仅是检验学生英语水平的重要指标，更是影响教师应用高中英语读写结合教学模式的关键因素。鉴于这一现状，教师可通过以下多元策略来增加学生的词汇积累量。

①制作与应用词汇卡，教师可指导学生制作词汇卡，词汇卡不仅便携，而且使用灵活，能帮助学生在任何时间、任何地点，利用碎片化的时间进行词汇的学习和复习。

②使学生掌握构词规律，英语词汇的构成具有其独特的规律，教师需要引导学生系统掌握这些构词规律，使学生能够在理解的词汇基础上，自主构建并丰富自己的词汇体系，从而使自身的词汇积累量的快速增加。

③养成使用词典的习惯，在英语读写学习中，词典是学生不可或缺的辅助工具。尤其在写作过程中，学生需要借助词典来查找自己不理解的关键词汇，确保

表达的准确性和丰富性。因此，教师应引导学生养成使用词典的习惯。

5. 提高语法水平原则

在英语写作过程中，部分学生的作文中常出现各式各样的语法错误，这些错误无形中削弱了他们有效传达思想和表达情感的能力。显然，如果教师想培养学生在英语读写方面的自主学习能力，提高学生语法水平的重要性不言而喻。为了从句子层面提升学生的语法水平，教师可以采取一系列有针对性的教学策略。

①让学生准备一本语法书，教师应引导学生按照语法书中的内容，深入地学习语法知识，特别是要熟练掌握各种句型。在高中英语读写教学中，教师应为学生布置相关朗读和背诵作业，培养学生的语感。

②为了使学生更深入地理解英汉句式之间的语法差异，教师应为学生安排一些简单的翻译练习。通过翻译练习，学生可以在英语写作中有意识地避免写出中式英语一类的错误，使写出的句子更加地道。

③为了提升学生的语法水平，教师应让学生熟悉优秀英语句子的特点。一个优秀的英语句子，在内容上通常具有高度的统一性，在意义上能够保持连贯性，在语句表达上追求简洁明了，而在句式结构上则追求多变和创新。当学生熟悉了这些优秀英语句子特点后，他们在写作时就会更加留意自己所写的句子，也会努力使自己所写的句子具备上述特点，从而努力提高自己的语法水平和英语写作水平。

（二）自主学习模式的应用

1. 在教学思想上的应用

教学思想如同一盏明灯，指引着教学模式中各个要素的定位。当教师深入探索自主学习模式的应用方法时，不难发现学生的英语读写能力正是其坚实的基础。然而，仅仅停留于此是远远不够的，教师需要进一步拓宽视野，在教学思想上应用自主学习模式。

传统高中英语读写教学重视词汇、语法等基础知识的教学，虽然存在瑕疵，但无疑是高中英语读写教学体系中不可或缺的一环。在读写课堂上，阅读不仅是学生获取语言输入基础的源泉，也是教师有步骤、有计划地培养学生写作输出能力的重要途径，这样的教学模式为学生构建扎实的语言基础提供了有力保障。

然而，随着时代和教学思想的发展，自主学习模式也需要与时俱进。新的自主学习模式应以现代信息技术，特别是网络技术为基础，打破时空限制，推动高中英语读写教学向个性化、自主化方向发展。

①自主学习不仅是学生巩固课堂知识与获取课外知识的得力助手，更是学生深化理解、提升能力的有效途径。在自主学习的过程中，学生不仅能够复习或应用课堂所学知识，还能吸收和同化其他知识，实现知识的更新。这一过程不仅可以帮助学生巩固已有知识，还能培养学生的创新思维。

②自主学习也是学生运用与延伸学习策略的重要方法，运用学习策略是自主学习的关键所在，但学习过程并非简单重复学习策略，而是一个循环往复、需要学生随机应变的过程。在这个过程中，学生需要不断调整其学习策略，以适应不同的学习任务和学习环境，最终实现其学习目标。

2. 在教学环节上的应用

不同的学校需要结合自身特点探索适合本校实际的教学模式，从而更好地为提高学生的英语综合能力服务。在自主学习模式中，对自主学习的应用深深地烙印在每一个教学环节即课堂教学环节、自主学习环节与教学评价环节中。

①在课堂教学过程中，教师应注意平衡教师的知识传授时间与学生的自主学习时间，确保两者相辅相成，互相促进。这有利于培养学生的自主学习能力，让他们在知识的海洋中自由翱翔。

②自主学习活动赋予了学生极大的自由度和选择权，学习的时间、进度和内容应完全由学生自主决定，他们可以依据自己的喜好和兴趣进行学习，这样的学习方式极大地增强了学生的学习积极性。然而，这种自主学习活动并非完全无序，而是在教师的指导下进行的、规范的学习活动。教师可以将自主学习活动划分为必选学习内容和自由选择学习内容两部分，必选学习内容通常与课堂教学活动相辅相成，或是教师为学生定制的补充学习任务；而自由选择学习内容则完全由学生本人基于自身的语言水平、个人兴趣自由选择。

③由于学生在这一教学模式中拥有一定的自主性，教学评价便成了教师了解学生学习情况、检验学生学习成果的重要工具。通过教学评价，教师不仅可以对学生的自主学习情况进行测试和评估，还可以根据反馈结果调整教学策略，更好地服务于学生的英语综合能力提升。

二、合作学习模式

英语学习本质上是一个学习语言的过程，它要求学生在特定的语言情境中不断探索与实践。在合作学习模式中，小组成员间的默契配合与深入交流，在极大程度上促进了学生语言交际能力的提升，更在潜移默化中推动着学生的学习成绩稳步提升。此外，合作学习模式有利于培养学生的思维能力、培养学生的自尊心与自信心。

（一）将合作学习模式融入高中英语写作教学模式中

英语阅读是学生获取语言输入的重要方法，可以帮助学生掌握文章写作手法和精进语言表达能力。学生需要进行大量的自主阅读，以积累知识、提升自身的阅读技巧。同时，学生亦可通过合作学习模式，与同学交流心得，进一步加深对文章的理解，从而提升对文章的分析与判断能力。

在英语学习中，英语写作作为展现学生语言能力的重要舞台以及英语语言学习中的一项核心技能，其重要性不言而喻。从某种程度上讲，学生的英语写作能力不仅是学生英语语言能力和英语应用能力的直接体现，更是学生个人素养的体现。然而，由于有部分学生对高中英语写作抱有畏惧心理，这在一定程度上阻碍了高中英语写作教学的进展。然而，合作学习模式恰恰为学生提供了一个宽松、和谐的英语写作环境，能够帮助学生缓解面对英语写作的紧张与恐惧，鼓励他们勇敢表达自己的想法与观点。因此，我们可以清晰地看到，学生写作能力的提升与合作学习模式之间存在着密切的联系。

综上所述，将合作学习模式融入英语写作教学模式中，不仅能够有效地提升学生的英语阅读能力，而且对于学生整体语言表达能力的提高也能起到积极作用。

（二）合作学习模式的应用策略

1. 建立与完善合作学习系统

合作学习模式之所以能够行之有效，其基础在于教师精心构建的合作学习系统。为了确保这一系统能够稳定发挥作用，教师要先深入理解当前高中英语读写教学的核心特点，并据此设置一系列相互衔接、协调共进的模块。

（1）规划并强化教师引导模块

合作学习模式离不开教师的精准引导与精心组织，为此，教师应当规划并强化教师引导模块，确保合作学习模式始终在正确的轨道上运行，并与高中英语读写实际教学需求紧密相连。教师引导模块不仅要负责为高中英语读写教学设定明确的教学目标，引领课堂节奏，更要随时为学生在合作学习模式中遇到的问题提供解答。

（2）精心构建并充实学习模块

学习模块无疑是合作学习模式的重中之重。教师需要精心构建并充实学习模块，巧妙设计合作学习任务。学生将依据这些合作学习任务，组建合作学习小组共同研究如何完成这些合作学习任务。教师会根据每个小组的具体情况，进一步为他们分配适合的读写课题。在小组内，学生将集思广益，并将讨论结果整合为读写课题初步成果。

（3）严谨设计并实际应用监控及求助模块

监控与求助模块在合作学习模式中扮演着重要角色，教师要严谨设计并实际应用监控及求助模块，这就需要教师深入了解每个小组的具体情况，确保该模块设计得当。监控及求助模块的存在，为小组成员在读写过程中遇到的难题提供了解决途径。当遇到难题时，他们不仅可以寻求组内成员的帮助，如有必要，还可随时向教师寻求专业指导。

2. 加强网络合作学习平台的建设

网络化的合作学习平台为合作学习模式带来了革命性的转变，显著地缩短了高中英语读写教学的时间，为加强网络合作学习平台的建设，教师应做到以下两个方面。

一方面，教师要加强网络合作学习平台的建设，使学生不仅能在传统的课堂教学与讨论中汲取知识，更能借助网络合作学习平台，随时随地进行深入的合作学习。这个平台允许学生即时诊断在合作学习中遇到的难题，从而极大地拓宽了学生合作学习的时间边界，使其能够更为高效地利用碎片时间进行合作学习。

另一方面，网络合作学习平台为教师提供了丰富的教学资源发布渠道。教师可以定期发布在线读写材料、英语读写技巧等，供学生随时参考和下载。同时，教师也能及时公布近期的练习题目和课程安排，让学生能够根据自己的学习进度和兴趣，自主选择和合理安排个人的学习计划。

此外，合作学习网络平台中的留言功能、评论功能，打破了时间和空间的限制，使学生与教师、学生与学生之间能够进行实时的互动。这种互动不仅加强了师生之间的联系，也促进了学生之间的合作和分享。更值得一提的是，学生还可以通过合作学习网络平台进行数据分析，构建属于自己的读写数据库。这不仅有助于学生对自己的学习进度和成果进行实时跟踪，也为教师提供了宝贵的数据支持，使教师能够更准确地分析学生在高中英语读写学习中存在的问题，并为学生提供更为精准的帮助和指导，师生合作，共同优化学生的高中英语读写学习效果。

3. 丰富英语读写合作学习的形式

教师可以采取以下一系列策略来使英语读写合作学习的形式更加丰富。

①在题材的选择上，教师应更加注重题材与现实的契合度。选择那些能够引起学生兴趣的题材或是当前的热门题材，组织学生在读写活动中进行合作学习，这将极大地增强他们参与读写活动的动力。

②教师还可以引导学生观赏如《迷失》《英雄》等富有深度与吸引力的美剧。随后，组织学生进行深入讨论，分享彼此的见解或是撰写观后感。这样的活动不仅能够拓宽学生的视野，还能让他们在交流中碰撞出思想的火花，进一步提升学生的英语读写能力。

③若条件允许，教师应鼓励学生将高中英语读写的内容搬上舞台，以小组为单位，通过话剧的形式将高中英语读写的内容呈现出来。教师和其他学生在欣赏表演的同时，也需要对学生提出具体的建议，并对不同小组的表演情况做深入对比和分析。这种方式不仅使合作学习变得更加有趣，还能让学生在实践中不断反思和进步。

显然，上述方法都充满了趣味性和实用性。学生在参与这些活动的过程中，不仅能够在轻松愉快的氛围中学习英语，还能够有效地提升自己的英语读写水平与英语综合能力。因此，合作学习模式对于高中英语读写教学而言确实是一种非常有效的方法。教师要把合作学习模式和高中英语读写教学紧密结合起来，这将有利于提升学生的英语读写水平。

当今时代对高中英语读写教学提出了更高的要求，在教学过程中，教师不仅需要让学生扎实掌握相关英语知识，还需要提升学生的英语学习能力和教会学生更多英语学习技巧，以全面培养学生的英语语言素养，并提升他们在实际情境中应用英语的综合能力。为达成这些目标，教师应积极探索创新教学方法，摒弃陈旧的教学模式，巧妙地将现代教学理念与传统教学的精华相融合。教师还要加强课内外教学的连贯性，力图构建一个动态、灵活的教学模式，以更好地满足学生的英语学习需求。在高中英语读写教学中，教师应坚守以学生为中心的教学理念，积极引导学生学习英语，并为他们提供必要的帮助。教师还要通过设计多样的教学活动，增强学生对教学活动的参与热情，为学生营造轻松、愉悦的学习氛围。在这样的环境中，学生将在不知不觉中提升英语学习效率，为其未来的全面发展奠定坚实的基础。

参考文献

[1] 曲业德．高中英语教学实践创新[M]. 北京：现代出版社，2019.

[2] 束定芳．英语教育与教学研究（第二辑）[M]. 上海：上海外语教育出版社，2019.

[3] 张敏，王大平，杨桂秋．英语教学改革与创新研究[M]. 北京：九州出版社，2017.

[4] 罗晓杰，黄锡汝．读思写整合教学模式在高中英语应用文写作教学中的应用[J]. 天津师范大学学报（基础教育版），2023，24（1）：37–41.

[5] 赵勇，兰春寿，杨成林．基于核心素养的英语读写思辨能力框架建构与量表编制[J]. 外国语言文学，2022，39（5）：112–125.

[6] 陈诚．普通高中英语读写整合教学实践探索：以南宁市第十中学为例[J]. 教育观察，2022，11（29）：90–93.

[7] 谢荔双．高中英语读后续写教学的实施困境和创新策略[J]. 英语广场，2022（23）：129–132.

[8] 张素香．读写结合下的高中英语阅读教学[J]. 亚太教育，2022（15）：116–118.

[9] 刘莹莹．基于英语学科素养的高中英语读写课堂的教学策略[J]. 海外英语，2022（11）：157–158.

[10] 黄玲．基于新高考背景下高中英语单元教学的创新分析[J]. 海外英语，2022（9）：201–202.

[11] 许曼萍，马炳军，朱家胜．基于核心素养的高中英语教材读写结合研究[J]. 韶关学院学报，2020，41（8）：100–104.

[12] 顾晓春．高中英语读写技能整合教学模式研究[J]. 英语广场（学术研究），2015（2）：166–167.

[13] 张忆 . 基于体裁分析的高中英语读后续写教学研究 [D]. 上海：华东师范大学，2022.
[14] 郭宇航 . 基于主题语境的以读促写模式在高中英语写作教学中的实验研究 [D]. 镇江：江苏大学，2021.
[15] 刘宇 . 图式理论指导下高中英语读后续写教学的行动研究 [D]. 鞍山：鞍山师范学院，2021.
[16] 王莉 . 高中英语写作的读后续写教学行动研究 [D]. 鞍山：鞍山师范学院，2021.
[17] 李源 . 面向英语写作能力培养的高中英语读后续写实验研究 [D]. 湘潭：湖南科技大学，2021.
[18] 李娉婷 . 英语读后续写对高中生批判性思维能力影响的研究 [D]. 哈尔滨：哈尔滨师范大学，2021.
[19] 熊燕 . 基于“产出导向法”的高中英语读写整合教学研究 [D]. 福州：福建师范大学，2021.
[20] 张岩 . 思维导图应用于高中英语读后续写教学的实证研究 [D]. 武汉：华中师范大学，2020.
[21] 黄炎 .“以读促写”模式在高中英语写作教学中的实证研究 [D]. 苏州：苏州大学，2020.
[22] 商颖超 . 读写结合教学模式在高中英语写作教学中的应用研究 [D]. 聊城：聊城大学，2020.